日本語と英語

その違いを楽しむ

片岡義男 Kataoka Yoshio

NHK出版新書
391

日本語と英語——その違いを楽しむ　目次

2 Iの真実、youの真実……61

一枚のインデックス・カードに値する

縦が三インチ、そして横幅が五インチ、という大きさのインデックス・カードは、PC以前の長かった時代には、図書館の索引カードとして知られていた。だからインデックス・カードと呼ばれ、呼称はそのままだ。日本語では情報カードと呼ばれた。いまでもそうだろうか。色は基本的には白だ。横置きにしたときのいちばん上に一センチほどの間を空けて、ほかの罫線にくらべるとやや太く赤い直線が引かれ、そこからカードの下に向けて七ミリ幅で淡く青い罫線が引いてある。この罫線は十本である、ときまっているようだ。罫線のない無地もあるし、何色かの淡い色のついているものもある。僕は罫線入りのものを使ってきた。このカードがないと、文章を書くことをめぐって、かなりの支障をきたすだろう。

アメリカの日常ではレシピを書き込んでおくためのものだ。いくつものレシピが走り書きされた何枚ものインデックス・カードが、ほどよい枚数を収納する専用の箱に入ってキチンのどこかにあるのは、アメリカ的な庶民の日常の景色だ。レシピのほかには住所や電話番号その他、書きとめておかないと忘れてしまう情報などを書いておく。いくつかの専用の箱に収めて、作業テーブルのどこかに積んであったりする。

日本では勉強や仕事の領域の一部分では活用されているようだ。日常生活にはなぜか浸透していない。カードそのものが無愛想に過ぎるのだろうか。なんでもいいからとにかくいったんはおなじ大きさのカードに書きとめておき、あとで暇なときに整理する、というような生活習慣がないのだろう。

僕のところにもインデックス・カードはたくさんある。新品の買い置きだけではなく、書き込んだものも。書いてあるのは言葉だ。言葉のために僕はインデックス・カードを使っている。いくつものケースのなかにそれぞれびっしりと、言葉の書き込まれたインデックス・カードが詰まっている。大きくふたつに分けると、その内容は日本語と英語だ。

日本語を書きとめたインデックス・カードからまったく無作為に一枚を抜き出してみたら、「私といたしましてはですねえ」というひと言が書いてあり、その二、三行下に、「これは誰か」とおなじく僕の字でコメントが走り書きしてあるカードを指先に持つこととなった。「これは誰か」というコメントの意味は、公の場で何人もの人を前にして話者である自分のことを、「私といたしましてはですねえ」と言う人にとって、自分とはいったい何者なのか、という驚愕に満ちた疑問に他ならない。

英語を書きとめたカードを三枚だけ抜き出すと、そのうちの一枚には、Untitledというひと言が僕の字で書いてあり、その下に、「無題」と日本語が添えてあるのを僕は見る。「無題」という日本語に下線が引いてある。たとえば絵画の作品に『無題』と題された作品を見ることはしばしばある。「無題」という日本語に引いた下線の意味は、題名がつけられていないからしたがって無題という状態であることを表現している、ということだろう。動詞はどこにもない。題名はない、したがっていまも無題である、という状態のみが日本語でそこにある。英語だと「題名をつける」という意味の動詞であるtitleの過去分詞をunで否定したかたちとして、動詞がそのままおもてに出てあらわとなっている。日本語と英語におけるこのふたとおりの対比を、おそらく何年も前、僕は一枚のインデックス・カードに書いた。

もう一枚のカードにはlocally producedという英語のひと言が走り書きしてあり、その下には、「地元産」と、日本語が書き添えてある。これも動詞のあるなしに僕が興味を持ったからだ。きわめて日常的な、もはや誰も気にとめることのない平凡なひと言のなかに、英語と日本語との決定的な差異が丸出しになっている様子は、一枚のインデックス・カードに値する。

「地元産」という言いかたのなかにある「産」のひと文字に「産された」「産出された」という意味の動詞が内蔵されている、あるいは、隠れている、そしてそのことは日本語者のあいだでは暗黙の了解事項である、という意見はあるだろうし、「産」というひと文字そのものが動詞でもある、というとらえかたも成り立つだろう。しかし見た目には動詞はどこにもなく「地元で産出された物」という状態が名詞として言いあらわされているだけだ。地元産とは、状態を言いあらわす言葉だ。英語だと、produceというこれ以上にはあり得ない明晰な動詞の過去分詞が、locallyのひと言とつながっている。地元でいったん産出されてしまえば、それは結果として状態にならざるを得ないが、そうなる過程について述べる言葉に、動詞があるかないかをいま僕は興味の対象にしている。

三枚目のカードにはform follows functionと書いてあり、その下に、「機能が形状を決定する」と日本語が添えてある。数多くのまったくおなじ意味のことを、日本語でも英語でも、ほぼおなじように表現する。「決定する」とは言わずに、「きめる」でもいいけれど、英語のfollowという拍子抜けするほどに平凡な動詞の、柔軟な使いかたにおける意味の広さには、機能のさまざまな側面を忠実に追ってかたちにしていくときの、その追いかたの動きまでをも映し取る力がある。

いろんなところで目にしてふと気持ちをとらえた英語のひと言を、僕は何年にもわたって、インデックス・カードに書きとめてきた。英語の勉強のためではない。カードに書いてあることはすでにとっくに知っていることばかりだが、仮に自分で翻訳した日本語を添えておくと、英語と日本語とのあいだに常にある葛藤や軋轢《あつれき》がそこに浮かび上がり、日本語について考えるにあたっての鏡のように英語が機能するのを、カードの一枚ごとに、何度でも繰り返し体験することが出来る。

インデックス・カードにひと言ずつ書きとめるのとおなじことを、子供の頃から僕は頭のなかでおこなってきたのではなかったか、といま思う。日本語と英語のどちらでもい い、というところから幼い僕は始まり、十代のなかばあたりまでは、振幅の変化はあったとしても、ほぼおなじような状態が続いた。どちらでもいいのだからそのどちらをも、成長していく日々という成りゆきのなかで、きわめて自由に獲得していったかに思えるが、そうでもなかったかな、といういまある思いは興味深い。

まったくランダムに具体例を思い出してみると、シャワーなどいいかもしれない、といまの僕は思う。浴室に入ってシャワーを使うことを、ごく普通の英語では take a showerと言う。頭のなかではテイク・ア・シャワーと言いながら、日本語の人に対して口から出ていく音声としては、子供の頃を過ごした岩国の言葉で、「シャワーを取るんじゃ」と僕は言っていた。なぜなら、takeという英語のひと言にもっとも普通に当てはまる日本語のひと言は、そのときすでに「取る」だったからだ。キャンディのようなものを祖父が僕にあたえようとするとき、「Take one. と祖父が英語で言ったあと、「ひとつ取りんさい」

とその地方の日本語で言い換えると、幼い子供の頭のなかでは、takeと「取る」とが、なんの無理もなしに結びつき、takeは「取る」になり、「取る」はtakeになる。したがってtake a showerは、「シャワーを取る」となる。

風呂もおなじだ。浴室に入って湯と石鹼で体を洗い流したのち、湯船の湯に体を浸してしばし過ごすことぜんたいを、もっとも簡単には、シャワーの場合とおなじくtake a bathと言う。だから子供の僕は、風呂も取る子供となった。祖父も時としてそう言っていた記憶がある。たとえば、「風呂は取ったけえあとははあ寝るだけじゃ」というように。青年期から中年の終わりまでの期間をハワイで働いて過ごした祖父は、ハワイにおける日系一世の言葉を岩国でも喋っていた。

「風呂を取る」とは日本語ではまず言わない。こう言ってなんら問題のない特別な状況、というものもないような気がする。風呂は入るものだ。さもなければ、使うものか。「風呂をいただく」という、古風さをさらに昔へと越えた言いかたもある。しかし「風呂をする」とは言わない。シャワーについてもおなじだ。「シャワーを使う」あるいは「シャワーをする」という言いかたはあると思うが、日本語での場合、ほとんどの人はシャワーを浴びる。シャワーは浴びるのだ、取るのではない。しかしいったんシャワーを取る子供になってしまうと、シャワーを浴びると言えるようになるまでには思いもかけないほどの迂回路が必要になったり、ひょっとしたら一生ずっと、少なくとも言葉の上では、シャワーは浴びないままになるかもしれない。

「ひと風呂」という種類の風呂に日本語の人は、けっして「入る」ことはない、そのかわり常に「浴びる」。風呂には入るけれど、ひと風呂は浴びるのだ。風呂というものの機能には変わりはないとすると、風呂に入るのとひと風呂浴びるのとでは、その人の主観によって風呂のとらえかたに差異がある、ということになる。いつもどおりごく当たり前に風呂に入る場合と、「さあひと風呂浴びるか」と思う場合とで、風呂そのものが変化することはあり得ないのだから。

風呂に入る以外に、日本語の人たちは、どこへ入るか。小学校に入る。会社に入る。保険に入る。家庭に入る。話に入る。仲間に入る。人の輪に入る。鬼籍に入る、という入りかたもある。「風呂を取る」などと言っていた子供が風呂に入ることを学んだのは、ずっとあとになってからのことだった。

子供の頃もっともしばしば使っていた風呂は、ハワイから帰った祖父が自分の趣味のために、建物の土台からすべてを自作した五右衛門《ごえもん》風呂だった。確かにその建物は、内部も外部も含めてそのぜんたいが、風呂であることは間違いないのだが、そこに「入る」とはいったいどういうことなのか、子供には理解することが出来なかった。

コンクリートで大きく余裕を取った台座に鉄製の五右衛門風呂の釜がどっしりと頑丈に据えられ、その下に釜の底が露出していて、そこはやはり頑丈な台座に囲まれた、薪を燃やすための空間だった。風呂釜にはコンクリート製の階段を三段は上がったと思う。釜の縁とおなじ高さまで上がっていき、熱く沸いた湯の上に浮かんでいる、木製の乗り蓋とも言うべきものに両足から巧みに体重を乗せていき、湯のなかで引っ繰り返らないよう水平に沈めていき、釜の底近くに三つ短く突き出ているストッパーに、そのかたちに合わせて乗り蓋が刻み取られた部分をはめ込み、気を許してもストッパーから抜けないよう、底に沈めた乗り蓋を両足で回転させ、ストッパーをかける必要があった。釜のなかの湯に入るだけでも、ごく簡単に言ってこれだけの手順を正しいかたちで必要とした。

釜がコンクリートのなかに重く座っている外には洗い場があった。洗い場は途中までコンクリートの壁に囲まれ、釜とは反対の側には、沢の湧き水を樋《とい》で引き込んだ冷たい水が、コンクリート製の水桶に常に満ちていた。風呂を沸かすときには、この水桶からバケツで釜のなかへ、何杯もの水をまず汲み入れる必要があった。

薪の焚口は建物の外にあった。薪は裏の山に落ちている枯れ枝を拾ってきた。それは僕の仕事であり、薪を貯蔵しておく場所は風呂の建物の隣にあった。使い古した太い木材を鋸《のこぎり》で短く切り、鉈《なた》で割って使いやすくしておくなど、風呂ひとつでも仕事はたくさんあった。薪を燃やして釜のなかの湯を沸かすのも、僕の毎日の仕事だった。真夏の日も真冬の日も、さらには雨の降る日も、焚口の前にすわり、薪の燃えかたを調節していると一時間ほどで湯は熱く沸いた。熱すぎれば水桶からバケツで冷水を汲み入れて薄めた。燃える端から薪を追加していくことを「薪をくべる」と言った。

こういう風呂に「入る」とは、いったいどういうことか、と子供の僕は思った。入るとは、壁や天井で囲まれた部屋に、ドアを開けて入っていくという、get inside of でしかなかった。風呂の建物にもドアはあった。それを開けてなかに入って、なにをどうするのか。「風呂に入る」という平凡な言いかたの意味がわからないとは、おおまかに書いて以上のようなことだ。わからないのは「風呂に入る」だけではない。さきほど列挙した「入る」という言葉のつくものすべてが、いまでもほぼ使えないというかたちで、おそらく自分のものになっていない。「会社に入る」という言葉の意味がわからない一瞬が、いまでもあるのだから。「風呂に入る」あるいは「シャワーを浴びる」などの言いかたの意味がよくわかったのちも、takeは頭のなかに残っている。もう何年も前、ハワイで訪ねた初老の日系の男性に、「ラハイナは暑いでしょう、シャワーを取りなさい」と言われたことを、いまも僕は記憶している。

保険や会社そして風呂などのほかに、人はこたつにも入る。子供の頃、確か正月だったと思う、武家屋敷に住んでいた友人の家へ遊びに行ったら、友人のお母さんがこたつのある部屋に案内してくれた。「こたつ」という言葉は聞いて知っていたと思う。しかしその現物は身辺にはなく、したがってこたつというものを日常のなかで現実に体験したことは、まだなかった。その僕に友人のお母さんは、「ヨシオちゃん、こたつにお入りなさい」と言った。

僕の目の前にこたつがあった。小ぶりなすわり机ほどの大きさと高さで、四角く立ち上がったものの上に、正方形とおぼしき布団がかけてあった。これがこたつだ、という理解はあった。しかしその理解はそこまでであり、どうするものであるのかは、まったく知らなかった。そして友人のお母さんは、お入りなさい、と優しく言う。「お入りなさい」という言いかたは、「入る」の変形として理解出来ていたようだ。

だから僕は布団の縁が畳に接しているあたりに両膝をつき、布団の縁を片手で持ち上げ、頭からなかへ入ろうとした。匂いの記憶からあれは単なる炭火だったと思うが、布団の縁を持ち上げたこたつのなかには、炭酸ガスが充満していた。それを吸い込んだ瞬間、これは違うのだ、自分は理解しないままに間違ったことをしたのだ、と認識した僕は布団から頭を出し、立ち上がった。友だちのお母さんは畳に尻餅をついて笑い転げていた。彼女とこたつとを半々に見下ろして、子供の僕は軽く当惑していた。

風呂に「入る」のはまだいいとして、「ひと風呂」となると、僕はいまだにそのような言葉の人ではない。ひと風呂浴びる。ひと言ある。ひと言多い。ひと休みする。ひと息つく。ひと息入れる。ひと思いに。ひと足先に。ひと味違う。ひと汗かく。ひと雨あれば。ひと泡ふかす。ひと癖ある。ひと皮むける。ひと苦労。ひと声かける。ひと寝入り。

ひとっ飛び。ひと走り。ひと花咲かせる。もっとある。どの「ひと」も、僕は使えない。「風呂に入る」がわからなかったことの延長として、「ひと風呂浴びる」がわからず、そのことのさらなる延長として、「ひと」という言葉のつく言いかたが、自分のものになっていない。自分のものになっていなければ使うことは出来ない。

「カタオカさん、私、ひと言、あなたに言うよ」と妙な日本語で言われたなら、「ひと言だけかよ」とは言い返さずにおくなら、「どうぞ」としか言いようがない。「どうぞ」という言葉はたいへんいい言葉だ、そしてそれは僕にも使える。なぜなら、いま書いているような文脈でなら、「どうぞ」というひと言は、Go ahead. という英語と、僕の頭のなかでは対になっているから。

Go ahead. という汎用性の高いひと言の素晴らしさについて僕は思う。前方に向けて限りなく存在する広がりである ahead に、go という基本中の基本のような動詞が結びつき、きわめて気楽なスタートの合図として機能している。Go ahead. のあとに Make my day. が加わると、それは『ダーティ・ハリー』の台詞であり、かつては日本でもかなりのところまでそれは浸透した。

たくさんのインデックス・カードに書いてある英語とその日本語訳のひとつひとつに、このふたとおりの言葉によるものの言いかたのあまりにも大きな違いを見ると、それは日本語と英語との葛藤や軋轢であり、越えがたい壁ないしは溝であったりもする。と同時に、おなじ地平の上に、まったく同一の内容のことをどちらの言葉でも似たように表現するのを見るときには、そこには平凡で穏やかな共存の様子がある。

こうしたことをめぐって、数多くのカードに書いてあることを材料にして、日本語と英語について僕は書いてみようとしている。I や you という人たち、そして彼らが引き受ける動詞について、まず書くだろう。I や you は英語らしさそのものだから、英語らしいものの言いかたについても、書くことになるはずだ。

英語らしさについて書くことは、日本語らしさについて書くことでもある。日本語の得意技のひとつは、話者のひとりひとりが持つ状況の具体性に密着したものの言いかたであり、これと表裏一体に存在するさらにもうひとつの得意技は、すでにそうなってそこにある状態が、まるで世界の本質でもあるかのように、しかも少ない言葉数で完璧に表現することだ。いつのまにかすでにとっくにそうなってそこにある状態のなかに早く自分も入りたいと切望する数多くの人たちは、そこにあるそのような状態のなかにいったん入ってしまうと、そこにあるその状態に関してなんら疑問をさしはさむことなく、すべてを黙々と受け入れることになる。

英語の得意技のひとつは、動詞表現と名詞表現を巧みに使い分けながら、あるときひょいと、なんの苦労もなしに、言っていることの抽象度を高めることが可能であることだ。いつもの言葉で抽象的なことが言いやすい。自分の現実を離れて、その問題のみを語ることが、じつに容易に出来る。話者のひとりひとりが持つ状況の具体性に密着したものの言いかたとは、ひとつたとえを出すなら、誰が責任を取るんだ、ということであり、いつもの言葉で抽象的なことが言いやすいとは、責任を取らなければいけないような大きな事故にいたった過程のなかに、事故にはいたらないまったく別の過程はあり得なかったのか、ということについて徹底して語る、というようなことだ。

1 動詞はどこへ行くのか

1 「現在地」にあなたはいない

駅の改札を出て、確かこちらだったと思いながら、南口の商店街のほうへ歩いていこうとすると、交番の向かい側、タクシー乗り場の端に、近辺の案内地図の掲示板が立っているのを見つける。最近ではこのような掲示板は堅牢な構造物となっている場合が多い。駅を中心とした単なる地図が、透明な保護樹脂に守られて暇そうにしている。役に立たない地図だから暇なのだ。

この近辺案内地図のまんなかあたり、少しだけ下の位置に、赤い色で塗りつぶした丸、三角、あるいは四角などの図形があり、その図形の上に黒い愛想のない文字で、「現在位置」と印刷してあるのを誰もが見る。「現在位置」とは不思議な言葉だが、誰もそんなことは思わない。「あなたが現在いる位置はここです」という意味が、現・在・位・置の、そしてこの順にならんだ、四つの漢字による言葉の内部に折りたたまれている。日本で標準的な教育を受けた人なら、そのくらいのことは言われるまでもなくわかる。「現在位置」という漢字の列をひと目見ただけで、その内部に折りたたまれている意味が、誰にでもとっさに理解出来る。

内部に折りたたまれている意味など、わからないだけではなくそんなものがあることすら思ってもみない人の視点で見ると、「現在位置」という言葉はじつに奇妙だ。現在という時制の位置とは、いったいなにか。きわめて難解かもしれない、ある種の概念だろうか。現在はここに位置するとは、いったいどのような意味なのか。赤い丸、三角、四角の位置が現在なら、過去はどこにあるのか。「過去位置」というものが案内地図のどこかにその姿を潜めているのだろうか。

近辺案内地図の「現在位置」、あるいは「現在地」という日本語に該当する英語の言いかたは、You Are Hereだ。案内地図をふと見た人は誰もが、ほとんど名ざしで、youと特定される。そのyouはhereつまり、「ここ」にあるのだ。youと名ざしされたその人の問題として、hereという地図上の一点が提示される。誰でもがyouであり得るけれど、案内地図のなかからyouと言われたなら、そのときそこでその地図を見ているその人が、特定されている。このことに比べると、「現在位置」、あるいは「現在地」という日本語の言いかたは、状況の一般論だ。現在という漠然の極みのような状態のなかに、「位置」や「地」が、なぜだか知らないがそこにある。

「現在位置」、あるいは「現在地」は、案内地図の掲示板が立っているその位置を示しているだけだ。目的地までの道順を探そうとしてその案内板の前に立つ人がいれば、その人は案内板とほぼおなじ位置にいると言ってもいいだろう、という恐ろしいまでのyouの不在が、「現在位置」、あるいは「現在地」の背後にある。「あなたがいまいるのはここです」ときちんと日本語で表記した案内地図が、しかし、この日本にけっしてないわけではない、きっとどこかにある。

2 動詞は働きかける

数多くの人たちが早朝から夜遅くまで行き交う都会の一角、たとえばターミナル駅の広場に面した建物の壁に、会社や店舗あるいは製品などを広告する常設のスペースがあるとして、そのスペースのひとつが空いたままになっているとき、そこに掲示される言葉は日本語の場合、もっとも標準的には、「広告募集中」という漢字五つだろう。そしてその下に、「連絡先」という漢字が三つあり、電話番号が添えてある、というスタイルだ。

英語でおなじことを人々に伝えたいと思うなら、Advertise Hereという二語を大きくあしらうのが、もっとも標準的だ。「ここで広告せよ」と直訳することの出来るこのような言いかたを、日本語では命令形と言ったりするようだが、これ以上には端的になれないほどに端的な内容と言いかたによる提案だ、と思えばいい。

「ここに広告しなさい」というひと言をたまたま見る人たちのひとりひとりに、advertiseという動詞は働きかける。朝から夜まで駅前広場を忙しく行き交う多数の人たちすべて、という漠然としたぜんたいではない。「ここに広告を出しませんか」というような言いかたは、日本でもされているはずだと僕は思う。漠然としたぜんたいにではなく、語りかける言葉によってあたかも抽出されたかのように、個人ひとりひとりに訴えかけたほうが有利かもしれない、と思うにいたる人の数は、日本でもすでにけっして少なくはないはずだから。

3 「最悪を尽くせ」とTシャツが言う

Tシャツの胸や背中にプリントしてあるひと言は、それをたまたま目にする人のひとりひとりに、語りかけている。いろんな面白いひと言を見たが、いまとっさに思い出すことの出来るのは、Go do your worst. と大きくプリントされたひと言だ。Do your best. という定型的な言いかたを、語彙的に、と同時に内容的に、その真反対へと言い換えたものだ。「最善を尽くす」のではなく、「最悪を尽くせ」とそのTシャツは言っていた。言っていたのはそのTシャツだけではなく、それを着ていた人も、そう言っていた。そしてそう言いながら、そんなプリントを見る人たちを楽天的に大きくひとくくりにしてそこに自分も加え、「尽くすなら最悪にしましょう」と笑っていた。

4　段ボール箱が語りかける

外国から送られてきた荷物の段ボール箱の片隅に、Do your part. Recycle this container. というひと言をかつて見た。見る人のひとりひとりに、「自分に出来ることをせよ、この箱をリサイクルせよ」と端的に提案していた。この内容をこの文型で言うなら、それを見る人たちのひとりひとりに対して、きわめて端的に提案するという、このかたちにならざるを得ない。

日本語だとどのようになるか。「リサイクルのためにこの箱の再利用にご協力ください」というような言いかたになるだろうか。なるだろうかではなく、ほとんどそのようにしかならないところに、問題は潜んでいる。潜んでいる問題とは、英語の場合だとyouと名ざしされるのにくらべて、日本語の場合には、youなどどこにも出てはこない、という言語上の現実だ。「ご協力ください」という提案がおこなわれていることは確かだが、提案される相手は、きわめて漠然としたぜんたいでしかない。

おなじく外国から届いた段ボール箱に印刷してあった次のようなひと言にも、忘れがたいものがあった。I'm upside down. Please turn me over. というひと言だ。ひとつの段ボール箱が、Iとして他者に語りかけていた。「私はいま上下逆さまになっている、正しく起こし直してくれ」と。みずからをIと規定したひとつの段ボール箱は、言葉を介して他者にひとつの行為を取ることを働きかけていた。日本語だとこうはならない。もっとも標準的には、「天地逆積厳禁」という言いかただろう。「この箱を天地逆さまに置いたり積んだりすることを厳しく禁じます」という意味だが、少なくとも字面はいかにも硬い。いったんこのような文句を段ボール箱の片隅に印刷してしまうと、その箱と人との関係は、硬い漢字六つのつらなり、という関係になってしまう。そしてそのような関係は、人と人との間へと浸透していく。

5 「ここで食べて肥れ」とネオン管がそそのかす

一九五〇年代からアメリカのその町の唯一の産業として町ぜんたいを支えてきた工場が、すべての施設をたたんでアジアのどこかへ出ていってしまった。そのことによって町のまんなかに経済的な空洞が大きく出来た。空洞は埋まらないまま町はさびれていき、どこを見てもそこには寂しい様相が現在および未来そのものとしてある、という状態だ。

こんな町のダイナーでも、つまり大衆食堂でも、夜ともなれば建物の屋根に赤いネオン管が灯る。そのネオン管は、おもての道路に向けて、Eat here and get fat. と言っている。「ここで食べて肥れ」という意味だ。夜の暗さのなかでぽつんとひとつ、赤いネオン管がそう言っている。ネオン管の言葉が語りかける相手は、自動車で道路を走りながら、ふとそのダイナーに視線を向ける運転席の、ひとりひとりだ。彼らがその店の常連であってもなくても、「そうだよなあ、それしかないよなあ」と赤いネオン管の言葉に反応する。そんなふうに反応するとき、彼らの誰もが笑っている。

過剰体重が引き起こすさまざまな健康上の問題など、なんのへったくれのそのダイナーのメニューには、敏感な人ならおそらくただちに健康上の問題をかかえることになるはずの、素晴らしい料理がならんでいる。人々がかかえる余剰な体重はアメリカの未来にとっての最大の負債である、などと言われている現在の自分たちの状況のただなかに、「ここで食べて肥れ」とネオン管で語りかけるダイナーがある。そのダイナーと常連の客たちに自分も加えたぜんたいから、なにほどかふと浮き上がった俯瞰《ふかん》的な視点が共有されないことには、Eat here and get fat. というような言葉は機能しないし、そもそも成立することすらおぼつかない。

大衆食堂の屋根にある赤いネオン管の言葉は、その食堂の経営者という個人から発せられ、自動車で外の道を走る人たちのひとりひとりに、語りかける。いちばん大事なのは、ここだ。なにごとにせよ人に語りかけるとき、人は個人として屹立《きつりつ》する。その人はその人個人のみとなる。その語りかけを受けとめる人たちも、語りかけられた範囲がいかに広くても、その範囲のなかでひとりひとりとして屹立して、自分への語りかけを受けとめる。神の前に全員が平等な存在であるひとりひとり、として認識された第三者ぜんたいのなかに、自分というひとりも含まれる。現実のなかで常に自分につきまとう個別の具体性、つまり個人的な事情のすべてから、あるとき突然、いっきに脱却することが出来ると、そのときの視点はぜんたいを俯瞰する視点であり、それは自分を客観視する視点でもある。

ぜんたいを俯瞰する視点、あるいは自分を客観視する視点などを、「普遍性の視点」と呼んでもいい。

ごく日常的な体験として、生まれたときからのすっかり身につききったこととして、このような普遍性の視点が、いつでも手に入る。その視点に立てば個別的な具体性の呪縛から解き放たれるのだから、抽象的なことを語りやすくなる、あるいは、およそあらゆることを、抽象的に語りやすくなる。Eat here and get fat. と語りかける大衆食堂の赤いネオン管は、人々とその世界ぜんたいを、見事に、あっけなく、抽象化している。これがないかぎり、「そうだよなあ、あそこで食って肥る以外にないよなあ」と自分で自分を笑う視点は生まれない。

アメリカの田舎町のダイナーのネオン管では、Come Hungry, Leave Full というのも見たことがある。「腹を空かしたらここへ来て食べ、腹いっぱいになって帰りなさい」という提案だ。これも、このネオン管を見るであろう人たちの、ひとりひとりに語りかけている。顧客という漠然としたぜんたいではなく、顔の浮かぶ常連であってもなくても、かなりのところまで抽象化された上での、ひとりひとりだ。

人から聞いた話では、なんの変哲もない小さなレストランの名称に、JARというのがあったという。Just Another Restaurantという文句からイニシアルだけを取ってならべたものだ。「ありきたりの店」という屋号のレストランを成立させる言葉の世界に生きる人たち、という存在がこの屋号の背後に見える。おなじく人から聞いた話だが、Heart Attack Dinerという店名のダイナーが、人気と客を集めている、ということだった。体に悪いものばかり大量に食べるアメリカの人たちの多くが心臓発作で倒れる、という通説が充分に流布したあと、それを俯瞰の視点から笑いながら観察すると、体に悪いものばかりメニューに載っているこのダイナーの名は「ハートアタック・ダイナー」にしよう、というアイディアが手に入る。

まったく別の店で、営業時間を客に知らせる掲示板のいちばん下に、Open till the very end.とあったのを思い出す。「とことんぎりぎりまでやってます」というような意味だが、実際はごく常識的な時間に閉店しているはずだ。きまりきった閉店時間を表示するよりは、平凡ではあるけれどこのような言いかたをしたほうが、小さな笑いを誘うことは確実だ。

6　お客様各位

「お客様各位」という日本語の言いかたを英語にすることは出来ますか、と訊《き》かれたことがある。出来ません、と返事するのがもっとも簡単でいいけれど、ごく標準的なDear Customerという言いかたは、伝えたい内容としてはおなじではないか、と僕は答えた。そしてつけ加えたのは、Dear Valued Customerという言いかたがある、という事実だ。「私たちが価値を置いているお客様」というような意味だ。かすかにではあるが無理をした言いかたかな、と思うけれど、言いかたとしてはごく普通のものだ。価値を置く、価値を見つける、といった意味の動詞の、ごく平凡な応用例だ。動詞がこんなところに、このような使いかたで登場することは、日本語にはまずないだろう。日本語の構造がそのようなことを可能にしない。

「お客様各位」という言いかたに動詞はまったくないけれど、Dear Valued Customerとなると、動詞がまんなかにあって丸出しではないか。「大切なお客様」という呼びかけはいまの日本語の使われかたのなかに、ごく平凡に存在している。価値を置くからこそ大切なのだから、大切なと言えば価値を認めていることになるのではないか、という反論はあり得る。しかし言葉の上では、動詞はどこにもない。「お客様各位」、あるいは「大切なお客様」という言いかたは、「お客様」という状態の表現であり、お客に対する話者の側からの動詞による働きかけの表現ではない。

おなじような例は日常のなかにいくらでもある。「二〇一二年八月三十日消印有効」という言いかたの日本語をもっとも普通に英語で言うと、どうなるか。まず絶対に動詞がひとつ必要だ。たとえば、Must be post-marked no later than August 30 2012. というように。日本語の言いかたのなかにある「消印」という言葉は、この文脈では、「消印が押された状態」という意味だ。だから意味のぜんたいのなかを探せば、そこには動詞がかならずあるけれど、字面の上にはあらわれていない。あらわれているのは、「消印が押された状態」という、日本語が大好きな、したがってあらゆる局面であらわれる、単なる状態の表現だ。

7 ところによりシャワーも

そうなっている状態、あるいは、やがてそうなるであろう状態、などについて言いあらわすことを、日本語は日常的な得意技としている。だから誰もがそのような言いかたを用いる。用いれば用いるほど、誰もが、そのような言いかたの得意な人となる。というようなことを書きながらふと思いつくのは、「ところによりにわか雨」という言いかただ。ところによってはにわか雨が降るのだが、降るのは当然のことだからそれを省略すると、ところによってはにわか雨が降っている状態、というものがあとに残る。だからそれは、「ところによりにわか雨」という簡潔な言いかたのなかに収斂《しゅうれん》される。

英語で言うとどうなるか。「にわか雨」は、showersだ。シャワーは栓を開ければ頭上から湯や水が広がりながら落ちてくる。栓を閉じれば突然にすべては止まる。「にわか雨」はだからシャワーに似ている。「ところにより」とは具体的にどういうことか。「広い範囲内のあちこちに」という意味だ。あちこちににわか雨が降れば、それは「ところによりにわか雨」という状態になる。

雨を主体としてとらえ、「あちこちに降る」という動詞をあたえれば、「あちこちに降るにわか雨」というものになる。あちこちは文字どおりあちこちだ。にわか雨の降る区域が、あちこちに散らばることだ。「あちこちに散らばる」という意味をscatteredに託すと、「ところによりにわか雨」は、scattered showersとなる。「ところによっては降るにわか雨」という主体は、scatterという動詞をなにげなく引き受けることにより、「ところによってはにわか雨」いう状態を作り出す。おなじことを日本語では、「にわか雨の降るところもあるでしょう」と言ったりする。これは「にわか雨の降るところ」という状態の表現だ。

「午後になってにわか雨のところも」という日本語の言いかたは、「午後にわか雨も」と簡略化することが出来る。極限まで簡略化されたこの言いかたのなかにある「午後」とは「午後になって」つまり「午後という時間が進行していくにつれて」という意味だが、「午後になってから」という状態として受けとめる人がほとんどではないだろうか。「午後になってにわか雨のところも」、あるいは「午後にわか雨も」という言いかたのいちばん最後にある「も」という一語には、「予測された可能性」という意味が託されている。以上のような意味での「午後」、そして「も」のふたつをいっきに英語にしてしまうと、chance of showers into the afternoon となる。

「も」という一語で言えてしまう予測された可能性は、予測された可能性としか言いようのない、chance of という表現となる。「の可能性」という意味だ。それが showers と結合するのだから、にわか雨の予測された可能性、になる。into が素晴らしい。始まった午後から夕方にかけての時間の空間が、この一語で言いあらわされているし、それだけではなく、その時間空間の内部を、午後の始まりから夕方に向けて、時間の経過そのものとして動いていくその動きまでもが、この into のひと言のなかにある。日本語の言いかたによる「午後になって」とは、午後のあるときの静止した一瞬ではなく、「午後になってからの時間の経過のなかで」という意味だが、理解されるときのそのされかたは、「午後になってから」という状態が想起された上での静止的な理解となるのではないか。

8 信号に逆らって

「横断歩道の信号が青のときに渡りましょう」という日本語の言いかたでは、「渡る」という動詞がいちばん最後にあらわれる。しかも、「渡りましょう」というもっとも強制力の弱い提案のようなかたちで。おなじことを英語でごく普通に言うなら、Cross with the green. となる。信号の青は日本語では「青」で、英語だと緑色つまりグリーンだとはしばしば指摘されていることだ。with ではなく on でもいいかと思うが、cross という端的な動詞の端的な使いかたが、with を介在して the green と緊密に結びついている。グリーンではないときに渡る行為は、crossing against the light のように言う。against は with の反対語だと理解するなら、「信号に逆らって」というこのような言いかたは、すんなりと腑《ふ》に落ちるのではないか。

9　日本国内郵送料不要

「日本国内で投函されるかぎりにおいては郵送料は不要である」という郵便物のシステムが現在の日本郵便にあるかどうか知らないが、たとえばアメリカでは、No postage necessary if mailed in the United States. と印刷されたものをしばしば見る。「アメリカ国内で投函されるなら郵送料は不要である」という表示だ。郵送料は受取人が支払うのだろう。postage が stamp といっきに具体的になる場合もある。おなじ内容のことを仮に日本語で言うなら、「日本国内郵送料不要」とでもなるだろうか。

「日本国内」という四つの漢字のつながりの内部に、日本国内で投函されるかぎりにおいては、という意味がたたみ込まれている。英語による言いかたを観察すると、if mailed「投函されるなら」というかたちと意味で、mail という動詞が、誰にでもわかる明瞭さで、姿をあらわしている。投函されなければいっさいなんの意味もないかわりに、いったん国内で投函されるなら郵送料は不要になるのだから、投函するかしないかが決定的な分かれ目であり、英語による言いかたは、そのことに忠実に従ったものとなっている。「投函する」という動詞が、端的に言葉の表面にあらわれざるを得ない。

10 待っていても

「待っていても手には入らないですよ」という言いかたは日本語としてごく普通だから、通りの悪さのようなものはどこにもない。「待つということは手に入らないということです」と言い換えたらどうなるだろうか。「ということ」が対になっているだけで、それ以外に複雑な要素はないから、それほど抵抗なしに受けとめることは出来るような気がする。英語だとBut waiting isn't getting. となる。言い換えてみたほうの日本語と、見た目はよく似ている。

waitingは、「待つこと」という名詞だ。「待っていても手には入らないですよ」という日本語のなかの、「待っていても」は「待っている」という状態の変化形として理解することが出来る。「待っている」という状態の言いあらわしかたの変化形のひとつが、「待っていても」という言いかただ。そしてこれは状態を表現している。waiting は wait という動詞の名詞形だから、これも状態をあらわす言葉ではないか、と思うかもしれないが、「待つ」という行動を、言葉としては名詞で言ったにすぎない。だからそれによって言いあらわされるのは、「待っている」という状態ではなく、「待つ」という行動なのだ。

11 旧態依然

「旧態依然」という言いかたを英語で言ってみる。旧態とは「昔ながらの」というような意味だから、それをもっとも端的な英語にすると、old way となる。「古いやりかた」という意味だ。これに「あいつらの」という言葉を加えたければ、their old way となる。「依然」という言葉の外観が持つ意味を、きわめてストレートな意味へと嚙み砕くと、「いまでもそのまま続いている」というような意味になる。これ以上には嚙み砕けないだろう。だからそれを英語にすると、continuingという一語ですべては間に合う。以上のふたつをつなげて、コンティニュイング・ゼア・オールド・ウェイでも充分に通じるけれど、continuingとtheir old wayとを、完膚《かんぷ》なきまでに密接につなぐ、小さな一語がぜひ欲しい。そしてそれはinだ。だからcontinuing in their old wayが、「旧態依然」という日本語とほぼおなじだということになる。

12 thatは「そういうこと」

「そういうことでいいですか」という言いかたが持たされる意味には、文脈によってかなり幅があるだろう。ごく普通の文脈で使われると仮定して、まず問題になるのは、「そういうこと」という漠然としたとらえかた、そしてそのとおりの言いかただ。文字数をもっとも少なくすると、「そういうこと」は、「それ」で充分に間に合うのではないか。日本語で「それ」ですむならば、英語だとthatでいいのではないか、という考えかたはたいそう正しい。だからここでは、「そういうこと」はthatだ。「いいですか」という部分の「いい」はいま少し難しい。おたがいに了解に達している状態を、ごく日常的な言葉である「いい」というひと言で表現している。日本語の場合とおなじく、これもきわめて日常的な英語のひと言にすべてをまかせるなら、okという言葉の選択は正解だ。thatとokのふた言が登場した。これをそのままつなげて、ザット・オーケーと尻上がりに言うなら、「いいですか」という意味の片言の英語として通用する。片言とは言えないところまでかたちを整えるなら、いま少し言葉数が必要だ。

話者とその相手がそれぞれひとりいる、という場面を想定すると、話者が選ぶべき主語はweにならざるを得ない。そしてweが主語になるなら、いま問題にされているのはそのweふたりの、おたがいに了解に達している現在の状態なのだから、Are weという出だしになる。その次にokが来てAre we okとなり、それがthatと結びつけばめでたくそれは英語だ。さきほどのinとおなじく、Are we okとthatとを結びつける小さなひと言が欲しい、というよりも、それがなくては英語にならない。ここではonがその役目を果たす。Are we ok on that? と言えば、「それでいいですか」という日本語の意味に近くはなる。ただし日本語の場合は、それに対する相手の賛意を問うているだけだが、英語だとthatをめぐるweの問題となっている。

13　いつかまた別の日にあらわれろ

「出なおしてくれよ」と英語で言ってみたいです、と言った人がいた。理由はほとんどない。こんなことなかなか言えないでしょう、とその人は言った。実際に自分が英語でそんなことを言う状況はまずあり得ないのですけれど、どんなふうに言うのかくらいは知っておきたい気持ちがあるんです、ということだった。

Come back some other time. と言えばそれは英語の言いかただ。「出なおせ」という日本語の言いかたを分解すると、「いつかまた別の日に」という部分と、「あらわれろ」という部分のふたつになることがすぐにわかる。「出なおす」とは、いつかまた別の日にあらわれることだ。だから英語はそのとおりに言っている。「いつかまた別の日に」という部分がsome other timeで、「あらわれろ」という部分がcome backだ。そしてこのふたつの部分が、come backを先にして緊密に結びつくと、Come back some other time.という英語らしい言いかたになる。これ以上ではあり得ないほどに単純でそして明確なsome other timeに、おなじくこれを越える単純さを持った言いかたはないはずの、come backが、「ふたたびあらわれる」というアクションの表現を受け持っている。

14 同点

野球の試合を中継していて、同点の走者がホームベースを踏む瞬間、実況アナウンサーは「同点!」と叫ぶ。同点にしたから同点になるのだが、同点へとゲームを導いたプレーヤーたちのアクションは「同」と「点」というふたつの漢字の内部にたたみ込まれ、同点へのアクションの結果としてそこに生まれた同点という状態だけが、「同点!」のひと言によって言いあらわされる。

英語だともっとも普通には、The game is tied. となる。同点へと持っていったいくつかのアクションの表現を、tie というひとつの動詞が引き受ける。日本語では同点になったその瞬間に、同点という状態が生まれ、それがそのとおりに表現されるのだが、英語だと同点へのいくつものアクションの帰結点が、動詞の過去分詞で言いあらわされる。生まれた状態よりも、アクションとその結果を、英語は言いあらわす。

15 それは内省の時

一枚のカードに「冬、それは内省の時」という日本語のフレーズと、その英語が書いてある。冬は winter でなんの問題もないが、それ以外に関しては問題がある。

内省とは、内省という言葉が人それぞれに喚起させるイメージ、あるいは、内省している、という状態を意味している。「内省する」という動詞としての使いかたはあるけれど、「冬、それは内省する時」という言いかたは一般的ではなく、「冬、それは内省の時」となる場合がほとんどだろう。「内省」という漢字に見ることが出来るとおり、内省とは内部を省することだから、英語はそのとおりに言おうとする。「内部」は inward だ。そして「省する」はもっとも単純には reflect だから、Winter, a time to reflect inward. となる。日本語では内省という行為は動詞なしであり得るが、英語だとなんらかの動詞がないと、いっさいなにごとも始まらない。

16　応援も大きかった

「みなさんの応援のおかげです」という言いかたはどうすれば英語になるか。おなじような意味のことは英語の人たちも日常的に言うのだから、言いかたはあるはずだ。「みなさんの」という部分はいいとして、そこから最後まで、「応援のおかげです」という部分はやっかいだ。「応援」、そして「おかげです」というふたつの部分に分けた上で、それぞれを英語の言いかたへと転換しなくてはいけない。

かつて僕がどこかで目にしてカードに書きとめておいた言いかただと、Your support helps me get motivated. となっている。これを見たとたん、「みなさんの応援のおかげです」という日本語の英語版だ、と僕は思った。「応援」はsupport、つまり「支持」だ。サッカーではサポーターという言葉が使われているではないか。「おかげです」という部分をどうすればいいか。この文脈での「おかげ」とはなにか。いまの日本語としてもっとも日常的には、「おかげ」とは、結果が出た、あるいは、モティヴェーションが上がった、ということだ。自分のモティヴェーションを上げることにみなさんの応援が役立ちました、と考えれば、それは「みなさんの応援のおかげです」ということになる。

日本語ではモティヴェーションと名詞で使われる場合がほとんどだが、英語だと、自分をモティヴェートさせる、というかたちの動詞で使われることが多い。「みなさんの応援」、つまりyour supportが、自分をモティヴェートさせることに役立ったのだから、「役立った」という意味の動詞がyour supportという主語を受ける。そしてその動詞はもっとも単純にはhelpだ。meをmotivateすることをyour supportがhelpする、という思考がさきほどあげた英語例文のような言いかたに結実する。そこでは動詞が最前面に明瞭に姿を見せて機能するし、そうするほかにないのだが、「みなさんの応援のおかげです」という日本語の言いかただと、「みなさんの応援のおかげです」という状態が述べられているだけであるのは注目に値する。

「応援も大きかったですよ」というような言いかたもある。応援は盛大だった、という意味ではなく、自分にとってみなさんの応援が果たした役は大きかった、という意味だ。おそらく究極的なまでに日本語的な言いかただ、と僕は思う。動詞が言外の意味のなかへ徹底してたたみ込まれるから、動詞が姿をあらわすことはけっしてない。動詞がそこになければ、それが作用する対象も、そこにはない。したがって動詞による作用の関係は語られず、「応援も大きかったですよ」という状態だけが述べられる。

「応援も大きかったですよ」という日本語の言いかたを、そのまま英語にすることは出来ない。ついさっき僕が書いたとおり、「自分にとってみなさんの応援が果たした役は大きかった」と言い換えて思考を整えなおした上で、motivateという動詞をここでも使うなら、Fans played a big part in getting me motivated. という言いかたになる。この例文も僕はどこかで見た。見たとたん、「応援も大きかったですよ」という日本語の言いかたと緊密に一対となり、一枚のカードの上に、そして僕の記憶のなかに、残ることとなった。

17 価値あるものとして作用するもの

「自分にとっていちばん大事なこと」という言いかたはごく標準的な日本語だ。これに疑問をさしはさむ人は、普通はまずいないだろう。しかし、この言いかたを文字にして眺めていると、動詞がないことにはすぐに気づく。文字どおり自分にとっていちばん大事なことなのだから、いちばん大事なそのことは、自分に対して作用するものでなくてはいけない。

しかし、日本語のこの言いかたのなかには、自分に対して作用するものは、なにもない。いちばん大事なものとして自分に作用してこそ、それはいちばん大事なことなのではないか、というわけのわからない問答になりそうだが、「自分にとっていちばん大事なこと」という言いかたは、自分にとっていちばん大事なことを、静止してそこにあるものとして言いあらわしているにすぎない。この日本語をこのまま横滑りさせて、シングズ・ザット・アー・モースト・インポータント・トゥ・ミーと英語にすると、決定的に物足りないものがあるのを感じる。

「いちばん大事なこと」という言葉が最適な動詞ひとつに置き換わると、それは英語になる。そしてそれは matter という動詞だ。「価値があると断定する」という意味だ。いちばん大事なことなのだから、matter のしかたは most であり、things that matter most と言えば、「自分にとって最大に価値あるものとして作用するもの」という意味の端的な言いかたの英語となる。

「いちばん大事なこと」という日本語の言いかただと、それが自分にどのように作用するのかを言いあらわす動詞が、完全に隠れている。英語だと、誰の目にも明らかに、誤解のしようもなく端的に、それは真正面に露出されている。

18　とやかく言われる筋合いはない

「きみにとやかく言われる筋合いはないんだ」という日本語のどこに動詞があるのか、と僕は思う。「言われる」は動詞だろうか。「きみにとやかく言われる筋合いはないんだ」という言葉のつらなりのぜんたいが、「きみにとやかく言われる筋合いはない」という自分の状態を表現している。

英語だとどうなるか、という例示のために都合のいい例文を作ってはいけないと思うが、単なる自分の状態を言いあらわすのではなく、話者がその相手に動詞を投げあたえ、投げあたえられた相手は、未来における自分の行動の予測として、少なくともその動詞を受けとめはする、というかたちの英語例文は提示すべきだろう。

You just mind your business. Don't tell me mine. 話者であるIがその相手であるyouにこう言う。はじめのセンテンスではmindという動詞を相手にあたえている。次のセンテンスでは、don'tで否定されたtellという動詞が、ふたたびyouにあたえられている。

日本語では、「きみにとやかく言われる筋合いはないんだ」といういまの自分の状態が言いあらわされるだけだが、英語の場合はIがyouにあたえたmindそしてdon't tellのふたつの動詞によって、未来におけるyouの行動を規制しようとする。「とやかく言われる」という受動態も興味深い。最終的に表現したいのはいまの自分の状態なのだから、その自分は受動にまわったほうが、状態になりやすい。そしてmindとdon't tellのふたつの動詞は、あたえられた相手だけではなく、発話者のIも、ほぼ等しく引き受けている。

2 Iの真実、youの真実

19 いったんyouと呼ばれたなら

クレディット・カードの利用が急速に普及し始めた頃、似たような内容の注意書きをあちこちで見ることが出来た。すでに三十年近く前のものになるかと思うが、そのような注意書きのひとつが、三×五インチ・カードに僕の手書きで書き写してあるのを見つけた。次のような内容だ。Please sign as it appears on the backside of your credit card if you choose to pay by a credit card.

yourとyouがそれぞれひとつずつある。その下にボールペンで下線が引いてある。書き写したとき、僕が引いた下線だ。youやyourが出てこざるを得ない事実に僕は興味を持ったのだろう。なぜなら、日本語ではそんなものはまったくおもてには出てこないのだから。この英語の注意書きを仮に日本語になおすと、次のようになる。「クレディット・カードをご利用のかたは必ずカード裏面とおなじようにご署名ください」。「かた」という言葉が一度だけあらわれる。英語から日本語にしただけなのだが、その内容はきわめて漠然としたものとなっている。「かた」と言われたら自分のこととして反応するのが、日本語の世界なのだろうか。英語では端的にyouだ。そしていったんyouと呼ばれたなら、それに対してその人は、誰もが即座にIとなる。youはIをかならず引き連れ、Iはかならずyouを呼ぶ。

20 漠然としたぜんたいではなく

雑誌の定期講読を勧める短い文言が、これは現物を切り抜いて三×五インチ・カードに貼ってある。As a subscriber you are entitled to this special offer which saves you over $22 a year off the annual single copy cost.

日本語にするなら一例として次のようになるだろう。「定期講読ではこの特典を受けることが出来、書店で毎月購入する場合にくらべると年間で二十二ドルのお得になります」。

ここでは、日本語が大好きな「かた」すらあらわれない。しかし英語では、前半におけるひとかたまりの意味のなかに、その意味の受け手である you が登場しているし、後半のひとかたまりのなかにも、その意味ぜんたいの受け手として you の姿がある。

さきほどのクレディット・カード利用の注意書きとともに、さほど上手な文章ではなくごくありきたりのものだが、you という相手に伝えたいことは、すんなりとすべて伝わる。このような文章でも、それが働きかける相手は you だ。前半の you は定期講読についてくる特典を受けることの出来る you であり、後半の you はその特典によって年間二十二ドルを save することの出来る、同一人としての you だ。注意書きをするほうの人が相手をするのは、漠然としたぜんたいではなく you というひとりひとりであり、その注意書きを受けとめる人たちは、名ざしされたも同然の、I というひとりひとりだ。

21 you は「あなた」か

TVニュースのアンカーは、原稿も資料映像もすべて整っているスタジオで、すでにきめてあるとおりにニュースの断片をさばいていくだけだ。自分が喋っている事柄に関してなにも知らなくても、さほどの興味はなくとも、ほとんどの場合、ニュース番組はとどこおりなく進行していく。

現場に出ている記者と中継がつながっていれば、「そちらの様子はいかがですか」と言うだけで現場の記者は取材した内容を語り始め、それに映像がともなう。事態はアメリカでもおなじだ。What more light can you shed on it, John? とスタジオのアンカーが言うのを、かつて僕は聞いたことがある。時と場合によってはこんなにぼんやりした言いかたでも通用するのか、とそのときの僕はかなり驚いた。日本語にするなら、「そちらからさらになにかありますか」というようなひと言になるだろう。

「そちらの様子はいかがですか」という言いかた、あるいは「そちらからさらになにかありますか」というような言いかたのなかには、you に相当する言葉がない。「そちらの様子はいかがですか」と訊く前に、現場にいる記者にその名で呼びかけることは日常的にあるが、「そちらの様子はいかがですか」という言いかたのなかに、you に相当する言葉を組み込むことは不可能だ。

youに相当する言葉の一例が「あなた」だとすると、「そちらの様子をあなたはどうとらえていますか」というような言いかたになる。より日本語らしい日本語では、「あなたは」という部分は、相手の記者の名前と、自動的に反射的に、置き換えられるのではないか。名前ではなく、「あなた」でも「きみ」でもなく、youと呼ばれる体験が日本語にはない。

22 「まさか」のなかのIとyou

相手の言ったことに対して、「まさか」のひと言でまず反応する、というものの言いかたは、いまの日本語でも日常的におこなわれている。ごく軽く受け流している場合から、かなりのところまで深刻に受けとめている場合まで、「まさか」の振幅はさまざまだ。ほんとかよ、そんな話があっていいのかよ、という程度の「まさか」だとして、日本語によるその「まさか」は、「まさか」と自分が言っている状態の表現だ。「まさか」と言っている状態のなかに、いまの自分はいる。

「まさか」と反応しているのは自分なのだから、その自分、つまりIの問題としてとらえて表現するなら、そのIに対してyouも必要だ。英語によるきまり文句としての「まさか」の一例は、I must have heard you wrong. というものだ。直訳すると、「俺の聞き違いだよね」というほどの意味だ。きまり文句だけに、と言っていいかと思うが、ものの見事に話者であるIと、その相手であるyouとの、両者の問題となっているではないか。

23 「どちら様」はどこにいるのか

電話をかけてきた相手に、その人が誰であるのか訊き返すとき、日本語としてもっとも無難なのは、「どちら様でしょうか」という言いかただ。「どちら様」という相手の状態を訊《たず》ねる言いかただ。したがって、この質問はじつはけっしてIの問題ではない。電話をかけてきた相手が自分にとって誰だかわからないとき、そのIがいまこうして電話で話をしているのは誰なのか、というふうにはとらえられていない。あくまでも相手だけが問題なのであり、その相手が自分にとってどなたなのかわかりかねます、という状態を相手に伝えているだけだ。僕がカードに書いておいた英語だとWho am I speaking with, please? という言いかたが基本になる。相手が誰なのかわからないから訊ねる、という問題は、I がいま speaking with しているのは誰なのか、というかたちで I の問題としてとらえられている。

24 メモにしといて

相手が不在のまま自分だけの問題として完結する言いかたは、日本語の世界に豊富にあるような気がする。僕はいまたくさんのメモを見ながらこれを書いているが、メモという日本語は「メモランダム」を短縮した日常的な言葉だ。覚書、備忘録などという漢字がその意味としてあてがわれる。自分のためのメモだから、手帳の片隅にでも書きとめればそれで完結する。

アメリカの事情ないしは文脈のなかでは、メモは何人もの人のあいだを行き交うものだ。Put it in a memo. という定型的な言いかたは、字面では「メモにしといて」という意味だが、会社のような組織のなかでは、「簡潔に書いて関係者のあいだにまわしてくれ」という意味になる。大きな組織では、かつてはこのようなメモのために使う専用の用紙とそのバインダーがあった。いまではＰＣが取って代わったが、メモが関係者のあいだを行き交うものであることには、なんら変わりはない。

25 care などするものか

Who cares? という言いかたが英語にある。「知ったこっちゃないよ」という意味のきまり文句だ。直訳すると、「誰がそんなことを気にしたりするのか、誰もしないよ」というほどの意味になる。大きく範囲を広げた結果としての who であり、この範囲を限度いっぱいに狭めると、who は I になり、I の問題としておなじことを言うなら、Do I care? となる。「知ったことか」という意味だ。care などするもんか、と I の問題としてとらえたのちに、それを質問形にして相手に投げ返す。

26 主語は引っ込んでいろ

「いろいろとご迷惑をおかけしてすみませんでした」という日本語の言いかたは、いまの日本で日常的に話されている言葉としては、どこにもなんら問題のない、したがってその意味では、もっとも摩擦の少ない言いかただろう。しかしここには、主語もその相手もいない。こう言っている人が主語であることは自明なのでそれは省略される、と説明されることがしばしばだ。

おなじような意味のことを英語で言おうとするとき、その言葉の冒頭に I という主語を立てずに言うことは、まず出来ない。「すみませんでした」と言っているのは自分なのだから、その自分はIであり、したがってそれは主語になる。しかし日本語では、その主語つまり自分が、ごく当然のこととして省略され、少なくとも字面の上からは姿を消してしまう。けっして複雑怪奇な問題ではないけれど、主語が姿を消したほうが日本語としては好ましいとされることには、大きな問題がある。隠れた主語の裏に、大きな問題がいくつも隠れる。

27 ご迷惑をおかけしました

日本語と英語によるほぼおなじ内容の言いかたの一例を観察してみよう。「たいへんご迷惑をおかけしました」というきまり文句のひとつだ。例によってカードに僕の筆記体で書いてあるが、これを僕はどこで見ただろうか。例文の内容から逆に推察して、日本の人たちを読者に想定した英語の勉強の本だったのではないか。次のような英文が添えてある。I'm sorry to have put you to so much trouble.

主語として立てられたIという人に対して、youという相手がここでは絶対に存在している。すべてはIとyouとのあいだの問題であることが、これ以上ではあり得ないほどに明瞭だ。to have put you toの部分が、日本語の言いかたのなかにある、「おかけして」の部分に相当する。Iという人は相手であるyouという人に対して、なにをどうしたのか、そしてそのことに対してさらになにをしたいのかなど、問題のぜんたいがこのひと言のなかに提示してある。日本語では主語のIに相当する言葉が消えている。したがってyouという言葉もそこにはない。

28 電話をかけなおす、のは誰か

「その件に関しましてはのちほどこちらからお電話いたします」という言いかたも日本語としては摩擦ゼロだろう。そしてここにも主語のIはいないし、その相手であるyouの姿も見えない。これも英語の勉強本のなかにあげてあった例文ではないかと思う。どのようなことを説明するために、このような例文が用いられたのか、それを僕は知りたい。僕が書きとめておいたカードによれば、英語の例文は次のようになっていた。I'll have to call you back on that.

いちばんおしまいにある that が、日本語の言いかたのなかにある「その件」という部分に相当する。そして that のすぐ前にある on は、「に関しましては」に相当する。のちほど自分のほうから相手に電話をかけなおすことは、call you back という表現で充分に間に合う。電話をかけなおすのは自分つまり I であり、かけなおす相手はまぎれもなく you だ。だからそのふたつが当然のこととして文章のなかにある。

相手が存在すればその人はまず you なのだという原理が日本語にはないようだ。したがって、それゆえに、主語の I も、自在にその姿を消すことが可能になる。

29　人間としてのいたらない部分

「身のまわりにいる人たちの誰もが持っている人間としてのいたらない部分を受け入れること」という日本語文と、その日本語文に相当する英語の文章が、どちらも僕の筆跡でカードに書いてある。かなり以前のものだ。英語の文章をどこからか書き写したとき、仮に日本語にすればどうなるかという一例として、日本語のほうも同時に僕が書いたのだ。英語の文章は次のようなものだ。an acceptance of the very human imperfections of those around you

acceptance の一語、そして最後の you に、ともに下線が引いてある。カードに書き写したときに僕が引いた。なぜだろうか、といまの僕は思う。推測なら出来る。日本語では「受け入れること」となっている部分は、「受け入れる」という動詞表現に「こと」をつけてぜんたいを名詞化している。日本語でもそうするのだから、英語でも acceptance、つまり、「受容」という意味の抽象名詞で、受け入れるにあたって動員されるはずのすべての思考やアクションを、ひと息にひとまとめに、表現してしまう。いちいち動詞を使って言っていたら面倒くさくてかなわない、というようなことを思ったかつての僕は、acceptance に下線を引いたのだろう。

おしまいの you に引かれた下線はなにを意味しているのだろうか。日本語で言ったときの「身のまわりにいる人たちの誰もが」という部分が、じつにあっさりと、くっきりと、きわめて端的に、those around you のひと言ですませてある。そしてこのひと言にとって核のようになっているのは、you なのだ。日本語での発想のままに英語に置き換えると、この you は us になるのではないか。いかなる場合でも、どんな話であっても、その相手は英語では you と呼ばれる人だ。

30 考えていかなくてはいけない問題

「考えていかなくてはいけない問題だと思っています」という日本語を英語にした文例

を、ぜひ見たいものだと以前から僕は思っている。なにかの社会問題について、「あなたはどんな態度を取るのか」というような質問をたとえばＴＶの取材カメラから受けたとき、道を歩いていて呼びとめられた人は、非常に多くの場合、こんなことを言う。

こう言っている人が話者だから、その人が主語なのだということはわかるけれど、その問題についてのまとまった思考もなければ脈絡のあるアクションもなく、考えるとは言いながらそのための用意などなく、覚悟なんかあるわけないという、相当に悲惨な状態だけがある。「思っています」という状態だけが表現されていて、その状態のなかに自分で自分を埋めている。

「問題意識を持ってるというだけではもう駄目なのよ」という市井の人の発言を、アメリカのＴＶニュースの画面から受けとめたのを、いまでも僕は覚えている。なにかの問題をめぐって、自分たちはなにをどうすればいいのかといった方向の意見を、いろんな人からさまざまに求める取材カメラに対して、ひとりの中年の女性がこう言った。We already have enough of awareness. という言いかただったと思う。「考えていかなくてはいけない問題だと思っています」という日本語での言いかたのなかにある、「考えていく」という部分にこの awareness はうまく使えるかもしれない。

31 you という人はどう作られるか

「書ききれない場合は他の紙に書いて添付してください」という意味の英語の短いワン・センテンスは、Please attach a separate page if you need more room. というふうになる。日本語の例文では、このワン・センテンスが語りかける相手が存在していないが、英語だと you がこのようなかたちであらわれざるを得ない。とにかく日常のいたるところで、このようなかたちで you と名ざしされていくことの蓄積が、英語の世界における you という人を作り出す。「書ききれない場合は」と日本語では否定の限定でものを言っているが、英語では、「さらなるスペースが必要であれば」と外に向けて広がるとらえかたでものを言っているのも、比較すると興味深い。

32 「ちょっとお時間をいただけますか」と刑事は言った

街の食堂で簡単に食事をすませたひとりの男が、支払いをして店の外へ出てくる。近くに立っていた男がふと歩み寄り、「ちょっとお時間をいただけますか」と、その男に言う。歩み寄ったほうの男性は刑事だ。相棒がひとり、すぐ近くからなりゆきを見守っている。

こんな場面のなかでも、食堂から出てきた男と歩み寄った刑事とのふたりは、たとえば刑事の視点から見るなら、まさにIとyouというふたりの関係だ。それなのに日本語では「ちょっとお時間をいただけますか」となっていて、主語となるべき人もそしてその相手も、少なくとも言葉のなかには存在していない。時間をいただけますかと私から相手に訊いているのだから、その私であるIと、相手であるyouとは絶対に必要なのだが。なにかの小説のなかにこんな場面があり、刑事が男に言う英語のひと言を僕はカードに書きとめておいた。I wonder if it would be possible to take a moment or two of your time, sir.という言いかただった。

Iという人は、「お時間をいただけますか」という言いかたのなかの、「ますか」という部分に相当するwonderの主語となっている。そして相手は、そのお時間の所有者として、とらえられている。そのお時間のほんの一部分であるa moment or twoは、刑事にとっても相手の男にとっても、中立的に存在しているがゆえに共通して使えるものとして表現されているが、こう言われたほうの男は、確実にプレッシャーを感じるはずだ。

33 どんなご用件でしょうか

「どんなご用件でしょうか」という日本語の言いかたのなかにも、主語とその相手は不在だ。面と向かっているふたりのうちひとりがこう言い、もうひとりはその言葉を受けるのだから、主語そしてその相手を言いあらわす言葉などまったく不要だ、という意見はあり得る。Iそしてその相手のyouも、当然のこととして充分に了解されている場合には、言わずにおくのが日本語だ、ということだろう。

Iがyouに、「どんなご用件でしょうか」と訊いている。訊いている人がI、そして訊かれている相手がyouだ。Iとyouとの関係としてこれほどはっきりしたものはないのに、日本語ではどちらも言葉には出てこない。英語での言いかたは次のようになる。May I ask what is your visit in reference to, please?

日本語でも言っているとおり、ご用件は相手のものだから、英語でもそのとおりにyour visitと言っている。質問しているのはIだから、質問の内容をwhat以下にしたがえるMay I askという普遍的な言いかたのなかで、Iは主語となる。Iとyouは一例としてこんなかたちで対峙する。

「お気づかいありがとうございます」という日本語の言いかたも、そう言っている自分とその相手との関係、つまりIとyouとの関係なのだが、日本語にはそのどちらもあらわれない。英語だとI thank you for the thought.とでも言えば、もっとも標準的だろう。Iは省略してもいい。I love you.やI hate you.など、「愛してる」「憎い」「殺すぞ」という鉄壁の三角形からこぼれ落ちたもののなかに、I thank you.があったりする。

34　昨日の僕よりも今日の僕は

I love you. という言いかたをめぐって、英語ならではの愉快な例をひとつ書いておきたい。エルヴィス・プレスリーが主演した『ブルー・ハワイ』のなかで、彼はいくつかの歌を歌った。僕がもっとも好んでいるのは『ビーチボーイ・ブルース』と『クウイポ』の二曲だ。『ビーチボーイ・ブルース』は、もうちょっとでたいへんいいブルースになる、という出来ばえの都会的なブルースで、このままでも演奏や歌いかたによっては、かなりのところまでいける。

『クウイポ』はハワイとはなんの関係もないところで商業的に作られた唄ものの小品でありながら、観光客向けのハワイらしさというものをほどよく取り込んだ、よくまとまったバラッドだ。「イポ」とはハワイ語で「恋人」という意味だ。そして「ク」は、親しさや愛情を込めて言うときの、「私の」「僕の」といった意味だ。だから『クウイポ』は、「僕の恋人」という意味になる。この『クウイポ』というバラッドの歌詞のなかに、興味深い言いまわしがひとつある。英語としては特別でもなんでもないごく普通の表現なのだが、日本語ではまず絶対にあり得ない言いかたの典型であり、その典型ぶりの内容には笑うほかない。歌詞のなかに次のような部分がある。Ku-u-i-po I love you more today / More today than yesterday / But I love you less today / Less than I will tomorrow

この歌の主人公であるIという青年は、恋人を愛している。ずっと以前から今日にいたるまで毎日、恋人に対する彼の愛は高まるいっぽうだった。一昨日にくらべると昨日のほうが、その愛は確実に大きかった。そしてその昨日よりも今日のほうが、彼女に対する彼の愛は、よりいっそう大きく高まった。明日にはその愛はさらに高まるのであり、したがって明日のその愛にくらべると、今日の愛の度合いは低い。引用した歌詞のなかで歌われている意味は、以上のようなものだ。

moreという単語とlessという単語の対比的な使いかたの、英語としてはこれ以上に普通ではあり得ないほどに普通の言いかただ。昨日から今日を経由しつつ明日に向けて、恋人に対する彼の愛は高まっていく。だから昨日にくらべると今日の愛はmore than yesterdayであり、moreという単語は平凡きわまりない使われかたをしている。そしてその平凡さのなかで、その役割を果たしきっている。

明日の愛は今日より高まる。したがって、その明日のほうから今日を見ると、つまり今日の愛を明日の愛とくらべると、それはmoreの反対のlessでしかないという論理の筋道にしたがって、今日の愛は明日の愛にくらべるとless than tomorrowとなる。このless thanも平凡さのきわみだ。

「きみに対する僕の愛は、日を追うごとに高まっていきました。昨日の僕よりも今日の僕のほうが、きみをはるかに強く愛しています。明日はもっと強く愛するのですが、その明日にくらべると、今日の僕の愛は弱いのです」というような言いかたが日本語として成立するだろうか。現実に明日となった上で、そこから今日つまり昨日という過去を振り返り、昨日の自分はもっと彼女を愛すべきだったと反省する、というような状況はひょっとしたらあるかもしれない。

more thanとless thanというふたつの言いかたが、今日という視点において、過去と未来のふたつの方向に向けて使い分けられた珍しい例、としてとらえることは可能だ。

more thanという言いかたのすぐ裏にless thanという言いかたが貼りついている、そしてその逆もしかりである、という理解のしかたも出来るだろう。more thanとless thanとに託された論理はきわめて単純であり、その単純さにおいて、問答無用の性格を強く帯びる。

昨日、今日、明日と連続していく日々のなかで、ある特定の人に対する自分の愛は高まるいっぽうである、という状況を表現したくなることは、日本語でも英語でもおなじようにあるだろう。more than yesterdayそしてmore than todayなのだが、まだ今日のなかにいながら視点だけを明日に移し、その視点から見た今日に対して比較の対象としての明日をあてがい、その明日にくらべると今日はmoreの反対のlessを使うほかないから、明日にくらべると今日の愛はless than tomorrowとなる。moreやlessの単純さや問答無用さがあればこそ、今日のなかにいながらおそろしく気楽に、まったく当然のこととして、視点を明日へと移動させてそこから今日を見る、ということが可能になる。

カントリー歌手のスリム・ホイットマンのヒット曲に、More Than Yesterdayという題名の歌がある。恋人への愛を歌う主人公の男性は、この歌のなかでも、More than yesterday, less than tomorrowと歌っている。恋人に対して高まっていくいっぽうの自分の愛を、昨日と今日とでくらべるなら、今日のほうが昨日よりmoreなのだが、今日と明日とをくらべると、明日のほうが今日よりもmoreなのだから、視点を明日に移すなら、その明日にくらべると今日はlessでしかない。笑うほかない、とさきほど僕が書いたのは、このような論理の展開のしかたのことだ。

35 meやweという人たちの自在さ

Youと呼ばれた人は、その人のぜんたいが、youと呼ばれている。誰にそう呼ばれようと、どのような状況であろうといっさい関係なく、youと呼ばれた人はそのぜんたいでyouというひと言を引き受ける。youと呼ばれたことに対する反応は、自分のぜんたいでおこなわなければいけない。責任は大きくなる。反応するためにはなんらかの動詞が絶対に必要となる。動詞とはその人がなにを考えてどのように行動するのか、ということのぜんたいだ。責任は大きいかわりに、自由自在でもある。他者をyouと呼ぶIについてもおなじだし、heでもsheでもtheyでも、すべておなじ原則のもとにある。meという人、あるいはweという人たちの自在さについて、触れておこう。

「思い出すわねえ、懐かしいわ」という日本語の言いかたがある。「思い出す」とは、思い出す行動ではなく、思い出している状態のことだ。「懐かしい」とは、言うまでもなく、なにごとかを懐かしんでいる状態を意味している。英語によるごく普通の言いかたの一例は、Oh, that really takes me back. というものだ。

takes me backは、この言いかたが必要なら誰もがこう言うという種類の、定型的な言いかただ。直訳ふうに噛み砕くと、理解しやすいかもしれない。「それは本当に自分をうしろへと持っていく」。直訳するとこうなる。「うしろ」とは過去のことだ。それは本当にこの自分を過去に向けてさかのぼらせる。meという人に直接に作用するtakes me backという動詞のある言いかたを、meという人は引き受ける。自分で自分にそのような動詞を、ごく当然のこととして、引き受けさせる。meという人の自在さが、ほんの小さな一例として、ここにある。

数多くのカードのなかから見つけた「将来はずいぶん違ってきますよ」という日本語の言いかたには、多少の解説が必要だろう。こう言っている人は、その相手をも含めて、自分たちの将来についての予測を語っている。いまなにかをしておけば、それによって、将来というもののありかたが大きく違ってくるはず、というようなことだ。予測された将来は、いまなんらかの措置を講じておくがゆえに、そうしない場合にくらべると、かなりのところまで差のついた状態になる、という将来だ。予測された将来もまた、すでにそうなっている状態なのだから、動詞はどこにもない。

おなじような内容のことを英語で言うなら、weを主語にして明確な動詞をひとつ使った、もっとも端的な言いかたにならざるを得ない。たとえば、We can arrive at a very different future. というように。差がつこうが仮想されたものであろうが、将来へと向かうのは自分たちなのだから、その自分たちは動詞を引き受けなくてはいけない。arriveという動詞がそれに当たる。

36　住所氏名をご記入の上

We invite you to return this card with your name and address so that we can keep you informed of our new publications, special offers and events.

アメリカで刊行された書籍を買ったら、以上のような短い文章の印刷された返信用の葉書がはさまっていた。この文章をごく標準的な日本語へと仮に翻訳するなら、次のようになるだろう。「住所氏名をご記入の上この葉書をご返送いただければ当社の新刊や特典、催物などの情報をお届けいたします」。

この日本語例のなかにある、「ご返送いただければ」という部分にまず注目したい。自分のところに葉書が返送されてきたあとの状態、というものをこの日本文の書き手は想定している。この本の冒頭から僕が繰り返し書いているとおり、どこまでいっても状態なのだ。すでにそうなっている状態のなかに自分も身を置くのが、日本の人たちはなによりも好きなのだろう。葉書が返送されるからには、返送する側は返送というアクションをとるのだし、返送を促すための訴えかけというアクションを、返送を求めるほうはおこなうのだが。

英語の例文を見ると、この両方の動詞がごく当然のこととして、あるべきところにある。返送を促すため訴えかけをおこなうのは、出版社の人たち、つまりこの短文の主語となるべき we という人たちだ。だから we が主語になり、その we が引き受ける動詞は invite だ。そして相手に促す返送というアクションは、return という明確な動詞が引き受ける。

日本語例文のなかにある、「住所氏名をご記入の上」という部分も興味深い。この文脈での「ご記入」とは、葉書を返送する人のアクションだから、動詞だと思っていい。こんなところには動詞があらわれる。しかしごく単純なアクションにいちいち動詞を使うと煩雑になる。英語だと、住所氏名を記入するアクション、さらには投函のためのアクションなどもすべて取り込んで、with のひと言で完璧に間に合う。

「お届けいたします」という日本語には、届けるほうである自分たちのアクションはあるが、届けることによって達成される相手の状態に関する言及は、どこにもない。新刊その他の情報を届けるのだから、それを受け取れば相手はいくつもの情報を知ることになる。当然のことだから日本語ではそれは省略され、自分のほうのアクションである「お届けいたします」のなかにだけ動詞があらわれる。英文例のなかには you がふたつに your がひとつあり、we がふたつに our がひとつある。相手と自分たちとの関係は、見事なまでに対等ではないか。

37 myselfという種類の人

Myselfという種類の人がいる。「私はもう二度とそこには顔を出せないかもしれません、馬鹿みたいなことをやってしまったので」というようなことは英語の人たちも言う。I may never show my face there again – I made an utter fool of myself. というような言いかたになる。日本語の場合の「顔を出す」という言いかたとおなじく、英語でも show my face と言っている。「馬鹿みたいなことをやってしまった」と日本語では言っている部分が、英語だと、myselfという人つまり自分自身を、物笑いの種にしてしまった、と表現する。make a fool of oneselfという言いかたはきまり文句だ。

「そこからは自分でやります」という日本語を英語にしてみよう。「自分で」が英語ではmyselfにあたる。「そこからは」という部分は、まるで直訳のようにfrom thereと言えば、それは完全に英語だ。「やります」は、「やる」という動詞と、「ます」という言葉によって出来ている。未来における自分の意志の発露の表現だろう、と僕は思う。だからこの台詞はI willで始まる。「やる」という言いかたの英語におけるカウンターパートのような言いかたは、go onだろう。ぜんたいをワン・センテンスにまとめると、I'll go on from there myself. となる。Iという人とmyselfという人が、Iを主語とした短いセンテンスのなかに同居する。

38 時制の問題

You were able to look at something for what it was, not for what you thought it might be. 以上のような英語の短文が僕の筆記体で三×五インチのカードにメモしてあるのを見つけた。「時制の問題」と日本語で書き添えてある。そして、「主観と客観」というひと言が、その下にある。

You were で始まっている文章だから、その文章のなかで語られているのは、過去のことだ。だからすべて過去になる。what it was がそうだし、what you thought it might be の部分も、過去に揃えてあり、緩い隙間はどこにもない。「時制」とはそういうことだ。

そしておなじく僕が書き添えた「客観」とは、what it was つまり、それそのもの、であり、「主観」とは、コンマ以下にあるとおり、「こうかもしれないとあなたが思ったもの」だ。「それそのものとして見ることが出来たんですよ、こうなのかもしれないなと思ったものではなく」という言いかたは、日本語としてすんなりとおるだろうか。「客観的に見えたということですよ、主観的に見たのではなく」とでも言えば、いま少し日本語らしくなるだろう。

39 それがあなたに働きかけた結果

日本の高等学校での英語の授業に、「和文英訳」という領域があった。試みてみようか。「その点において自分が正しいと思う根拠はなにですか」という和文を英訳すると、どうなるか。この和文は、しかし、かなり特殊な状況でしか用いられないような文章であり、こなれた日本語だと、「なぜ自分が正しいとおっしゃるのですか」といった言いかたになるだろう。とにかくこういう内容のことを、英語で言ってみたい。こなれた和文は、「なぜ」という言葉で始まっている。これにそのまま引きずられて、ホワイと出たらうまくいかないかもしれない。

こなれた和文例のなかに、「おっしゃる」という言葉がある。おっしゃるからには、その人は考える。考えた結果、自分が正しいという結論に達し、それを相手に向けて言う。

つまり、自分は正しい、と相手に主張するからには、その根拠が必要だ。この根拠を相手から引き出すためにも、英語は動詞をあたえる。whatという一語でひとつかみに主語を立てる。youという言葉があるからこそ、それは可能となる。What makes you think you are right about that?

なにかが自分に働きかけた結果として、自分はそう思う、あるいは、そうは思わない、という状態が生まれる。英語の例文を直訳すると、いま僕が書いていることがよくわかるはずだ。「なにがあなたに働きかけた結果として、あなたは自分が正しいと思うのですか」と英語では言っているのだから。

40 whoという小さな一語

自分の存在のぜんたいを、whoという小さな一語によって、いきなりからめ取られる状況は、数知れずあり得る。Who are you to talk to me like that? など、好例かどうかは別として、一例ではあるだろう。他者からこのように who でとらえられた自分。こういう文章を日本における英語の勉強だと、「疑問文」と呼んでいるが、疑問文どころではない。who と呼ばれた自分は、その全存在をかけて、この質問に答えなくてはいけない。いまあげた英語の例文は「俺にそんな口をきいていいのか」というほどの意味だ。「俺にそんな口をきくのは、いったい誰なのか」と英語では訊いている。

41 なんの話だか知らないけど

「彼はなんの関係があるんですか」という和文を英訳してみようか。文脈のなかでのこなれた言いかただから、いま少し補っておくなら、「いまあなたが語っているその問題に対して彼はどのように関係してくるのですか」というような内容になるだろう。相手に質問しているのだから質問文で言えばいいのかな、と思う前によく考えないといけない。

「彼はなんの関係があるんですか」と訊くからには、その人は彼がその問題に関係があるとは思っていない。彼を問題にするよりも先に、彼は関係ないはずだ、と思っている自分を問題にしなくてはならない。だからIが登場して、I don't see where he concerns you. となる。

「なんの話だか知らないけど興味ないわよ」という言いかたは、充分にこなれた日本語の言いかただろう。文脈の説明や意味を補う必要はなく、とにかくただこういうことなのだ。私とその相手であるあなたという人がそこにいるのだから、私という人はIでなければならず、その相手はyouだ。こなれた日本語の言いかたのなかには、そのどちらも登場しない。

日本語文を冷静に観察すると、「なんの話だか知らないけど」という部分が前半だ。相手がなにか語るのを受けた私という人がこう言っているのだから、この前半部分の主語は相手つまりyouでなくてはいけない。「なんの話だか知らないけど」と日本語では否定のかたちで言っているけれど、英語だとIfで出てそのなかに相手であるyouを置いてしまえば、If you are trying to tell me somethingときわめてすんなりした展開になる。そしてこの展開を受ける後半では、Iが主語にならざるを得ないから、「興味ないわよ」をそのまま I'm not interested. と言えば、前半のすっきりした様子と完璧に対になる。

42 感じてないほうだと思います

「ストレスはどの程度だと思いますか」という日本語の下に、これに該当する英語のセンテンスが書きつけてある。判読出来るか出来ないかの、僕の筆記体だ。よほど急いで書いたのではなかったか。いまそのカードを僕は見ている。

「どの程度」という言いかたを日常のすんなりとした英語にしなくてはいけない。「ストレス」はそのまま stress でいい。「だと思いますか」という部分も、慣れていないと口をついて出てくるようにはならない。やっかいだ。このように質問されている人の問題なのだから、you や your という言葉を使わないことには、どうにもならない。

「どの程度」という日本語の言いかたは、overall level of でいいようだ。このあとにストレスという言葉がくれば、「ストレスの程度」というほどの意味になる。「だと思いますか」という日本語は、子細に観察すると、ずいぶんおおざっぱなものの言いかただ、ということがわかる。「程度」というかなりのところまで曖昧なものを問題にしているのだから、「思いますか」というひと言で間に合わせてしまうことには無理がある、と僕でも思う。「思う」という日本語はさまざまに難題を内包している。「思う」のひと言でつき放されている問題は数かぎりなくある。

たったいま書いたとおり、程度という曖昧なものについて相手に語らせようとしているのだから、そのとおりに質問文を作るべきだ。「あなたのぜんたい的なストレスの程度についてあなたはどんなふうに語りますか」と言わなくてはいけない。僕がカードにメモした英文は次のとおりだ。How would you describe your overall level of stress?

この質問に対する答えの一例もカードに書いてある。「感じてないほうだと思います」という答えだ。「感じてない」という言いかたに、「ほう」というひと言が、従っている。まったく感じてないわけではないが、高いストレスを感じているのでもないのだから、ストレスの程度はlowでいい。lowな「ほう」だから、lowとは言いきらずにfairlyという一語をつけ加えるときれいに収まる。したがって、「感じてないほうだと思います」という答えは、英語だと Fairly low. となる。

43 サウンド・トラックの英語音声

『ゴッド・ブレス・アメリカ』という映画を見た。映画ならではの面白さ、というものを楽しめばそれで充分という性質の映画だ。楽しめる部分は何度かある。僕が記憶している台詞をいくつか紹介しておこう。

主人公の中年男性は偏頭痛をかかえている。医者に診てもらっている。その医者の見立てによると、この頭痛は脳に出来ている腫瘍に由来するもので、腫瘍は大きくなり悪化するはずだから、余命はさほど長くはない、などと言う。「この頭痛には参るよ」と主人公は言う。サウンド・トラックの英語音声では、My head is killing me. となっていた。文脈にもよるが、自分の頭痛を話題にしている状況では、「私のこの頭痛」という意味で

my headと言っていい。killing meはよくある言いかただ。使われる状況の範囲は広いから意味合いもさまざまに変化する。

主人公の名前はマードックという。彼の頭痛を診ている医者は、じつはマードックという名前を、まったく別人の患者であるバードックという名前と取り違え、バードックの脳腫瘍についてマードックに伝えていた。私がうっかりしてたよ、すまんねえ、私を訴えたりしないだろうねえ、と電話で言う医者に、日本語字幕には「とんでもない」というひと言で、マードックの返答が出た。音声ではI wouldn't do that.となっていた。「まさかそんなことしませんよ」というような意味だから、字幕の「とんでもない」のひと言は、的確な翻訳だ。

「それが現実だよ」と主人公が言う場面がある。「現実とはいまはそういうものだ」といった意味だ。この短いひと言に、次のようなかたちでweが登場していた。That's the world we live in.「いま自分たちが生きてるのはそういう世界さ」というほどの意味だ。

この映画のマードックという中年の主人公は会社に勤めている。彼に解雇を言い渡すにあたって、上司はマードックを自分の個室へ呼ぶ。「私の部屋へ来てくれないか」という意味の平凡なひと言だが、こう言われたら覚悟をきめなくてはいけない状況が、アメリカのあちこちにある。Can I see you in my office? というひと言だ。

クビを言い渡すとき、日本語ではもっとも標準的に、なんと言うのだろうか。「じつはあなたに辞めてもらわなくてはならなくなりまして」というような言いかただろうか。解雇を言い渡すのは会社組織だから、主語としてはweとなる。We'll have to let you go. という言いかたが、アメリカではもっとも一般的に広く採択されている。そして主人公のマードックは、このひと言に対して、You're kidding. と返答していた。日本語字幕には「本気ですか」と出た。

44 いつのまにかそうなっている

主語は必要ない、という日常の言葉で、日本の人たちはその日常を生きる。自分は言葉で生きている、というような自覚などいっさい必要がないほどの日常だ。そしてそこは主語のない世界だ。言葉の構造によって言いあらわされる内容のなかに、主語は内蔵される。したがってそれは暗黙の了解事項であり、いちいちおもてにあらわれる必要はないし、言葉の構造じたい、常に主語を明確に立てるようには出来ていない。

主語がIやyouならそれらは主語にはならないし、Iやyouの思考や行動を引き受けて言いあらわす動詞も、必要ないから姿をあらわさない。動詞が働きかける目的語その他、主語からの一連の構造的なつながりはそこになく、そのかわりに、いつのまにかそうなっている状態、というものが言いあらわされる。英語では、なんらかの動詞によって、そうなっていきつつある動態として表現されるものが、日本語ではすでにそうなっている状態が、名詞で言いあらわされる。そうなっている状態とは、Iやyouによって思考され行動された結果のものではなく、いつのまにかそうなり、いまもそのとおりそこにある、その状態というものだ。

Iとyouという基本があればこその、it, that, who, what, howなのだが、whatなどは日本での英語の勉強においては、小さな単語カードの裏に書かれる「なに」でしかない。あらゆる抽象名詞が縦横に主語となり、それらを動詞が引き受ける。動詞は思考の必然としての、行動や動き、展開などだ。

なにごとも動詞をとらずにすませるための主語の不在。思考が嫌いなのだろう。というよりも、それが出来ない。主語は隠れていることがほとんど常に可能だから、主語の主語たるゆえんである思考も隠れる、つまりそれは出来ないし嫌いだとなると、当然のこととして、思考に基づく行動も嫌いだろう。だから思考と行動の両方を放棄しても、日常の言葉を日常的に使って日常を営むには、いっさいなんの不自由もない。

いつのまにかそうなっていて、いまもそうなったままの状態のなかに、人々は入りたいと願う。いつのまにかそうなって、いまもそのままに、そこにある状態。人々はこれが大好きだ。だからそこに自分も入りたがる。いつのまにかそうなってそこにある状態とは、現状とその延長に他ならない。それが大好きでそこに入っていたいのだから、いまそこにあるその状態には、身をまかせるかのように従わざるを得ない。なんの疑問も抱くことなく、ほぼ自動的に従う。だから問題はなにも見えないし解決もされない。現状は悪化していくいっぽうだとしても。

Youという呼びかけのひと言は、きわめてぜんたい的だ。youと呼ばれたその人のすべてがyouなのだ。youというひと言のなかに、そう呼ばれたその人のすべてがある。その人はyouと呼ばれることによって、すべてが丸出しのような状態になる。

日本語の場合は呼びかけかたにいろいろある。そのときその場でその相手から必要とされる自分、という部分的な自分が、いろんな呼びかけかたのひとつひとつをとおして、呼びかけられる。それ以外の自分は隠れている。保護されている。自分は他者に対してほとんど常に、部分的な自分なのだ。Iについてもまったくおなじだ。Iがそうだからyouもそうなる。その時その場でその相手に必要とされる部分的な自分など、Iやyouにはあり得ない。

ぜんたいがひとりひとりのIで、ぜんたいがひとりひとりのyouであり、それらの人たちがいっせいに考える。たとえばなにごとかに関して対策を立てる場合、想像出来るかぎりの事態が網羅的に提示される。そしてそれらをひとまとめにして、それに対して対策を立てる。日本の人たちの好きな、いつのまにかそうなっている状態とは、ばくぜんとしたぜんたいだ。そのようなものに対しては対策は立たない。ばくぜんとしたぜんたいをなんとなく安心させるもの、あるいはなんとなく納得されるものを作り出す方向へと、人々はかならずや傾いていく。

Iという人が自分の考えを主張する。youという人も、そしてそれ以外のすべての人も、おなじように自分の考えを主張する。どの主張も対等であるなら、共存をはかるのが、ぜんたいにとっていちばんの得策だ。さまざまな主張を、妥協点という一点に向けて整理していく作業が、交渉というものだろう。そしてその交渉を有利に展開させるための、ありとあらゆる影響力の発揮が、画策され実行されていく。Iの真実とyouの真実とは、両者にとっての真実という、ひとつの段階を作り出す。それはあくまでも段階だから、その次が、原則としては無限にある。民主主義は、したがって、完成することがない。

3 英語らしさ、日本語らしさ

45 英語らしさとは

英語とは英語らしさのことだ、といま僕は思う。少なくとも僕にとってはそうだ。ふとしたものの言いかたのなかに英語らしさを感じるためには、英語らしくない言葉の代表として、反射板さながらに、日本語が機能しているのだろうか。英語らしくない日本語にくらべて、これはじつに英語らしいなあ、と僕は感心しているのだろうか。

言葉における「らしさ」とは、その言葉の構造とその使いかた、つまり文法ではないか。基本的にはその言葉のぜんたいが、「らしさ」というものなのだが、小さな例を部分的に拾い集め、それらを観察して、そこに「らしさ」を感じることは可能だ。

「らしさ」とは、その言葉の構造とその使いかたによって、そこに託される意味のぜんたいだ。それは世界のとらえかただ。他者への働きかけかただ。そして他者へと働きかければ、それはほぼそのまま自分に返ってくる。自分と他者との、言葉の上における、どうしようもないまでの対等な互換性だ。

英語とはレゴをつないでいくような言葉なのですね、と言った知人がいる。つないでいくとは、ぜんたい的な構造とルールのなかでの、使いかたの規則に他ならない。それが文法の論理であり、その論理のありかたのいたるところに、英語らしさは潜んでいる。

Yes, I do. という言いかたは英語の基本中の基本だと思う。この単純な明快さを、どう説明すればいいものか。do というわずか二文字による小さなひと言が引き受ける世界の膨大さと、見た目の簡単な様子との対比は、英語らしさの核心だろう。I did go there. というような言いかたもある。「私は確かにそこへ行きました」と強調する言いかただ。これも do という一語の外見上の単純さと、その内部における機能の複雑さ、つまり文法の論理の道筋の、のびかたの面白さだ。

どこかで読んでカードにメモしておいたことについて、次に書いてみよう。日本の読者のために日本で出版された英語の勉強の本に書いてあったことだと思う。the book to keep me awake by という言いかたは、英語としてごく普通のものだ。「私を起きたままに保つ本」とまず直訳しようか。「いったん読み始めたなら眠らせてもらえなくなる本」

という意味だ。いちばんうしろにあるbyのひと言について、僕の字で簡単な説明が書きつけてあるが、僕が考えたことではなく、おそらくはその本に書いてあったことの、僕によるその時その場での言いなおしだ。

いちばん最後にあるこの小さなbyのひと言の果たす役割は大きい。まさにこれは英語らしさだ、日本語にこのような例はない。「私を起きたままに保つその本」とは、本という物体ではなく、読んでいくその本の内容だ。しかし内容が単独でそのような効果を発揮することはないし、読んだとしてもそのことが私になんらかの心理的な影響をあたえないことには「眠らせてくれない」というような事態は発生しない。

「私を眠らせてくれないほどに私に心理的な影響をおよぼすその本」というふうに意味をひとまとめに完結させる機能を果たすのが、byのひと言だ。このひと言がおしまいにあることによって、以上のような内容が明確に伝わる。伝わる内容はまだ他にもある。現在形で発話されているからには、「私を眠らせない」という状態はまだ発生していない。「私が眠れなくなるのはこの本を読んでからのことだ」という意味もbyのひと言によって伝わる。

something to remember you by という定型的な言いかたは、このような文脈での例文として最適だ。「私にとってあなたを記憶しておくよすがとなるなにか」という意味だ。私があなたを記憶しておくことになるのは、なんらかのよすがによってだから、「よって」のひと言が by にあたる。文法という論理を無視することは誰にも出来ない。そして by のひと言は、英語らしさそのものとして、いちばん最後というこの位置にある。次々につないでいくべきレゴのピースの、正しいつなぎかたの一例だ。

46 聞いてもらいたい話

“You mind if I tell you something?” “I hope I'm not going to mind.”

ふたりの人のあいだで交わされるこのようなやりとりは、英語としてきわめて陳腐なものだが、日本語に訳すのはたいそう難しい。ふたりの台詞のどちらにもある mind のひと言が訳せないからだ。日本語にするなら意味を取って意訳する他ない。たとえば次のように。

「ちょっと聞いてもらいたい話があるんだけど」

「聞きたくないような話じゃないといいけどね」

英語でははじめの人の台詞にある mind のひと言を、次の人が自分の台詞のなかでそのまま相手に返している。ただし、最初の人は mind で、次の人は not mind だ。not をひとつつけただけで、おなじひと言をそのまま相手に返すことが出来る。not のまだついていない状態と、not がすでについている状態との、文法の論理の上での、単純明快な互換性は、動詞ならではのことか。仮に日本語に訳してみたもののなかでは、「聞いてもらいたい話」と「聞きたくないような話」とが、どちらも名詞で対になっている。

47 ほんとにひどくなるまで

アメリカのなにかの小説で読んだ台詞がひとつ、カードに書き取ってある。面白さを感じたから書き取ったのだ。どんな面白さを自分はこれに感じたのだろう。次のような台詞だ。It's a mess. If it isn't, it will do till a real mess gets here.「ひどいねえ。これでひどくないと言うんなら、ほんとにひどくなるまで、これで間に合わせておこう」

現在形でいったん断定されたのち、その内容が条件節に置き換えられ、次の段階に向けて現在形で進展していく。こういう話法に僕は興味を持ったのだろう。考えかた、とらえかた、そして、それが言葉に結実したときの、ものの言いかた。英語らしさというもののの、ひとつの明快な見本だ。

48 want はやめにして would rather

次の文例も英語らしさの見本として僕は書き取っておいたはずだ。どこで見たものか出典もメモしておくべきだった。小説のなかの小さな台詞だったか。それとも日本で出版された英語の勉強本のなかにあげてあった例文だったか。rather という言葉の使いかたを教えるための文例だったかもしれない。I'd just rather him have it than her.

「彼女に持ってもらうよりは彼に持っていてもらいたいですね」というような意味だ。もっとも単純な出発点は、「彼に持っていてもらいたい」と言う場合の、I want him to have it. だろう。「彼女にではなく」という部分をこれにつけ加えると、I want him to have it than her. となり、単純な want ではなく、「どちらかと言うなら（彼に持って）もらいたい」のだから want はやめにして、would rather に取り替えると、はじめにあげた例文のようになる。just は合いの手のようなものだから、喋るときには必要かもしれないが、英語らしさについて考えていくにあたっては、省略してもいい。want to を would rather に取り替えると、him の位置が would rather のあとになる。そこしかないからそこなのだ。

49 aheadというひと言

誰か自分以外の人が自動車を運転していて、その人に「道なりに」と言いたいとき、たとえばタクシーの運転手にこう言いたいとき、英語にはJust drive ahead.というきまり文句のような言いかたがある。走る道がおおむね直線なら「まっすぐ」という意味にもなる。多少とも左右へのカーヴを繰り返しても、別の道へ曲がり込むことはしないのであれば、Just follow the road.の意味でaheadをこのように使うことが出来る。前方へ向かう動きを内蔵している、と僕は強く感じる。したがってaheadというひと言は、きわめて英語的だ。このaheadの使いかたでもっとも端的なのは、Go ahead.という言いかただ。文脈によってニュアンスが異なる、というようなことのあり得ないほどにくっきりと端的な、前方への進展を肯定するひと言だ。

50　なんの関係があるの？

Is that supposed to mean something to me? この英文を日本語に翻訳しようと思う。日本語の女言葉への翻訳を試みようか。まず直訳が出来るかどうか。「それは私にとってなにごとかを意味するのですか」という日本語はどうだろう。意味がまったくつうじないわけではないけれど、まったくとはどの程度かということになると、ほとんどつうじないかもしれない、と訂正しなくてはいけない。

「それが私になんの関係があると言うの？」という日本語になると、かなりこなれている。こなれてはいるけれど、言い出しの部分にある「それが私に」というところに違和感を覚える人は多いだろう。だからいっそのことそこを省略し、「なんの関係があるの？」とすると、もっとこなれた言いかたになる。これなら充分につうじる。ここまで到達したのだから、思いきってまったくの意訳を試みる価値はある。「どうしろと言うの？」という翻訳はどうか。こうなると事実上の一語だ。日本語の女言葉による一語へと、翻訳はなしとげられた。これを英文と比較すると興味深い。事実上の一語になってしまった日本語にくらべると、英語による言いかたは、レゴのピースをいくつか文法の論理にしたがってつないだ、というありかたの典型のように見える。Is that というかたちでものを言い始めると、必然的にこうしかならない。

51 あとでまた電話してよ

これもなにかの小説で読んだのだろう。ふたりの人たちのあいだで交わされる会話のなかのひと言ずつが、カードに書き取ってある。ふたりはなにごとかに関して時間をきめようとしている。ひとりが What time? と訊く。「何時にしようか」という意味だ。この問いに対してもうひとりが、次のように答える。I can't say. I suggest that you call later. 「きめかねるなあ。あとでまた電話してよ」。日本語にすれば一例としてこんなふうにもなるだろう。

I can't say. という言いかたゆえに、僕はこのやりとりをカードに書きとめておいたのだと思う。直訳すると、「言えません」ということだ。日本での英語の勉強では、say は「言う」でしかない。「意見を述べる」「断言する」という意味もある。一般的な状況のなかに置いた I can't say. は「さあわかりません」というほどの意味だ。「あとでまた電話してよ」と仮に日本語にした部分は、「してよ」という依頼ないしは提案あるいはごく軽い命令だが、英語での言いかたでは、「あなたが後ほどまた電話をかけるのを私は提案します」となる。相手がおこなう call later という行為を、I は suggest するのだ。相手の行為にも自分の行為にも、英語だと等しく動詞をあてがう。

52 電話ではちょっと

「電話ではちょっと」という日本語を英語にしてみよう。「それに関しては電話では話すことは出来ない」という意味だ。話者が主語なのだから I でセンテンスを始めなくてはいけない。「電話では」という部分はover the phoneでいい。「話せない」ということなのだから、can'tを使えばそれでいい。「それに関しては」という部分はitという小さな万能の一語が、なんの無理も苦労もなしに引き受けてくれる。

「話せない」という部分の「ない」というところはcan'tに引き受けてもらうのだから、残るは「話す」という部分だけだ。go intoにすると、もっとも英語らしい。goという無限に近く汎用性の高いひと言に、おなじく汎用性の高いintoをつなげてひと組にすると、これまた意味するところにおいて広い範囲をカヴァーする、使いまわしの効く言いかたとなる。I can't go into it over the phone. カヴァーする意味はその全域においてきわめて具体的なのだが、言葉の選びかたとその使いかた、そしてその外見においては、抽象語と呼んでいいほどの簡潔さだ。例文と似たような文脈では、「その話はいまはやめとこうよ」など、go intoのまったくおなじ使いかたとして、Let's not go into that now. と言う。

53 最後に見かけたそのときから

たとえば僕がどこかの町で誰かを探しているとする。その誰かがときたま姿を見せる場所はつきとめた。だから僕はそこへ行き、そこにいつもいる人を相手に、尋ね人の話を始める。「その人がもっとも最近ここにあらわれたのはいつでしたか」と僕はその人に訊く。この僕の質問文を、きわめて日常的に無理なくこなれた、いまの日本でのごく一般的な口語で言ってみると、どんなことになるか。「その人がもっとも最近ここにあらわれたのはいつでしたか」と僕は説明のために仮にそう書いた。これはけっして日常の口語ではないだろう。

「その人をここで最後に見かけたのはいつ頃のことですか」とでも言えば、かなりこなれてくる。無表情に平たく冷たくこう喋っても、相手に伝わらないということはあり得ない。もっと他に言いようはないだろうか。「いつ頃」という部分が、知りたいことの核心だ。ではそれを主語にすることは出来ないだろうか。いま僕が作った例文では、もっとも知りたいことであるはずの「いつ頃」という部分がセンテンスのいちばん最後に登場している。これを主語にして、しかもセンテンスの冒頭に持ってくることは出来ないのか。いくら考えても、少なくとも日本語では出来そうにない、という答えしか出てこない。

英語だと簡単に出来る。「いつ頃」とは、その人を最後にここで見かけたのはいつ頃か、という意味だから、最後に見かけたそのときからどのくらいの時間が経過しているのか、ということに他ならない。だからHow longというひと言で入っていくと、次にくる言葉は自動的にsinceであり、なにからのsinceかというと、その人がもっとも最近ここにいてから、というsinceだから、そのとおりに言葉をつなげると、since he was hereとならざるを得ない。How long以下のすべてがHow longに奉仕して、その結果としてぜんたいの意味もセンテンスの構造も、語順どおりにつながってまるで一語のようだ。How long since he was here last? 最少限の七語で出来ているこのセンテンスはHow longで始まったから、そこからあとはこうなるしかない、ということの絶好の見本だ。

54 これと似たようなこと

「これと似たようなことが過去にもあったのか」という意味の質問文を、日本語のワン・センテンスで作ってみたい。しかも、こなれきった口語の日本語で。思いのほか難しい。質問文の意味をくんだ上で、くるっと引っくり返したような断定の文章にして、「これが初めてじゃないのよ」、あるいは「以前にもあったのよ」という言いかたをすることは出来る。この日本語に難点はどこにもない。しかし、質問形のワン・センテンスで言ってみたいのだし、いま例にあげたふたとおりの意訳だと、この質問をされたほうの答えかたの一例になっている。

「過去にも」とは言わないほうがいいのかもしれない。特に日本語では。「過去に」と言ってしまうと、現在とは完全に切れた、すでに過ぎ去った時点に、関心が固定される。「以前」という言葉のほうが、現在とつながっているような気がする。「これと似たようなことが」という部分は、文脈に頼れば省略することが出来る。だからそのとおりにすると、「以前にもあったんですか」という言いかたになる。

これを英語でごく普通に言うと、Has there been anything like this before? となる。anything like this が、「これと似たようなこと」に相当する。残る問題は導入のかたちである Has there been と、センテンスの最後に位置している before のひと言だけだ。

Has there been という始めかたはじつに英語らしい。現在とつながっている時間のなかを過去に向けてさかのぼると、という意味がこの言いかたには内蔵されている。「その時間を過去に向けてさかのぼったどこかで」という意味のなかの、「どこかで」に相当するのが before だろう。省略しても構わないが、あったほうがいい。Has there been と対になるからだ。

55 最新の気象情報

「最新の気象情報」という言葉がある。あまりにも平凡な言葉だから、もはやこの言葉に誰もいっさい気をとめることはない。ふたつの漢字と四つの漢字が、「の」という平仮名ひとつで接続されているという、日本語にはよくあるかたちであり、したがって、ぱっと見ただけですべての意味が一瞬のうちに伝わってしまう。

「最新の」とはなにか。文字どおり最新のもののことであり、それ以上にはどうすることも出来なさそうに見える。「最新の」という静止してそこにある状態。これが気象情報と結びついているのだから、「最新の気象情報」という、静止した状態、つまり刻々と更新され続けるいまこの瞬間、という最新ではなく、しばらく前に到達した、そのときでの最新の状態だ。「最新の」と日本語で言われると、けっして最新ではなくしばらく前のものだ、と感じるのは、英語の weather update という言いかたの影響を受けているからだろうか。

「最新の気象情報」という日本語をそのまま英語に移しかえても、それは立派な英語だし意味は充分に伝わる。それよりも weather update と言ったほうが、最新の気象情報ははるかに動的な立体感を獲得する。ちょっと前にくらべると update された気象ニュース、いままさに update されつつある気象ニュース、さらには、これからも update され続ける気象ニュース、という動きのなかに気象ニュースが置かれることによって、最新の情報という言葉が立体感を持つ。もちろん、updateとはいえ、三時間、四時間前のものであることは日常的に当然だとしても、weather updateという言いかたのなかにある動きは、「最新の気象情報」という言いかたぜんたいにはりついている静止感からは、思いきり遠い。

56 それ以外にないじゃないですか

「それ以外にないじゃないですか」と英語で言ってみたい。「それ以外にないですよ」「それ以外にあり得ないですよ」「それ以外ではあり得ないでしょう」。少しずつ言葉を違えた、いろんな言いかたがある。しかし意味するところはみなおなじだ。意味だけを取って、「そうにきまってますよ」と断定してしまう言いかたもある。

英語にもいくつかの言いかたがあるだろう。英語らしさが可能なかぎり外面に出ている言いかたを探してみる。日本語での言いかたのなかにある「それ以外」という部分はほぼそのまま、anything else という簡潔な言いかたにすればいい。それは anything else ではあり得ない、といったん断定しておき、最後の部分で、断定を肯定に変えて質問形でセンテンスを終えると、次のとおりたいそう英語らしくなる。It couldn't be anything else, could it?

could をふたとおり、ひとつのセンテンスのなかでこんなかたちで使うことが出来る。it は話者たちのあいだで問題となっているなにごとかを示す。anything else という言いかたも、具体性と抽象性とが半々に存在しているような言いかただ。そして couldn't be と could it との対比的な使いかたは、could であるかないかだけを問題としているという点において、見逃しやすいけれどもじつはきわめて抽象度は高い。

57 なににしようか

「お昼をなににしようか考えてたとこです」という日本語のなかの「お昼」とは「昼食」のことだ。「なににしようか」という部分を英語でどのように言えばいいか。それから、「考えてたとこです」という部分。「なににしようか」という日本語の言いかたのなかにある「しようか」という部分は、「する」という言いかたの変形だ。「する」をそのまま英語のdoに横滑り的に置き換えると、それはそのまま英語になる。「お昼をなににするか」という日本語を英語にすると、what to do for lunchでいい。「考えてたとこです」という言いかたに日本語としてはなんの問題もないはずだが、しかしこの場合の「考える」とは、なににすべきかきめようとしていた、という意味だから、英語だとそのとおりに言わないと、妙な言いかたになる。主語はもちろんIで時制は過去になる。I was just deciding what to do for lunch.

日本語では、「考えてた」という曖昧な広さを内蔵する万能の言葉を使うことになんの無理もないが、いまも書いたとおり、「考えてた」とは「なににしようかきめようとしていた」という意味だから、そのとおりに言えるように言葉をつなげるのが英語だ。さっきから考えていていまも考えているのだから、それがなぜ過去の時制で表現されるのかという疑問には、たったいまのことでも過去でとらえる習性、とでも言っておこうか。時制は過去にしておいたほうが、論理の筋道はきれいにとおる、という言いかたをしてもいい。

58 考えないことにしてました

「それは考えないことにしてました、一日じゅう」という日本語にも、「考える」という万能の言いかたが登場している。だからついでにこのセンテンスも英語にしてみよう。「一日じゅう」は all day でいい。一日ぜんたいだ。「全日」という日本語はないと思う。「一日」が day と対応するなら、「じゅう」は all と対応している。夜どおしだと all night になる。「夜じゅう」と言ってもいいけれど、「一日じゅう」と対になるのは「夜どおし」という言いかただ。日本語だと、「じゅう」や「どおし」などと使い分けられるものが、英語だと all で間に合う。

「考えないことにしてました」とはどんなことなのか。考えまいとするけれど、油断をしているとき頭のなかに入り込んでくる、だからそのつどそれを追い払う。こういうことではないだろうか。

「頭から追い払う」という言いかたが日本語にある。そのような言いかたがあるからには、そのような営みが人々によってなされているわけで、そのような営み、つまり頭から追い払う、という営みには普遍性がある。「それを一日じゅう頭から追い払っていました」という日本語は一般的ではないが、これをほぼそのまま英語にすれば、言わんとすることはその英語において普遍性を獲得する。

しかし問題はまだある。「追い払う」という日本語の言いかただ。頭のなかへ入ってこようとするものを追い出すことを、きわめて主観的な視点から表現している。この主観性をそぎ落とし、単なる行為にまで還元してしまうと、英語になりやすい。たとえば、「頭のなかから追い払う」のではなく、「頭のなかから押し出す」とでも言うなら、I've been pushing it out of my mind all day. と、英語らしい英語になる。「押し出す」と「追い払う」との差異は大きい。「押し出す」は単なる行為だから誰にも共通するけれど、「追い払う」という具体性は人それぞれの個別的な主観のなかに根を張っている。

59 あなたが利口な人なら

次のような英文を日本語に翻訳したい。あるいは、ほとんどおなじ内容のことを、日本語らしさに満ちた言いかたで、言ってみたい。If you're smart, you'll just step back and ease yourself out of the picture.

なんということもない、ごく平凡な内容の、それによく釣り合った、どこにでもありそうな言いかただ。いくつものカード・ケースにぎっちりと詰まっているカードの一枚に、こんな文章が書いてあった。僕の字だ。どこかになにかを感じたから、書き写しておいたのだ。この文章にかつての僕はなにを感じたのか。日本語に翻訳しようとすると思いのほか難しい。

If you're smartは、「利口な人なら」と翻訳することが出来る。そこからあとが難しい。「うしろへと下がっていき、ついにはその状況の外へ出てしまう」という意味だ。step backという具体的でなおかつきわめて平凡な体の動きになぞらえてある。英語らしいものの言いかただが、これを日本語らしさへと移すことは出来るだろうか。

ease yourself out of the picture という言いかたも平凡だが、これもごく日常的な体の動きになぞらえた言いかただ。the picture を日本語でなんと言えばいいのか。直訳なら「絵」だが、辞書には「事態」「状況」といった言葉があげてある。利口な人なら少しずつ抜け出していくはずの、その状況のぜんたいが、picture という基本的な一語で表現してある。

「利口な人なら少しずつ下がっていき、やがてそこから消えますよ」。要するにこういう意味のワン・センテンスだ。step back が訳せない。直訳なら、「うしろへ下がる」となる。意味としては、「その状況における自分の存在を少しずつ希薄にしていく」ということだ。「身を引いていく」という言いかたは、この文脈では明らかにおおげさだろう。「引いていく」という言いかたもある。いまの日本語、という種類の日本語だ。それでもいいなら、「利口な人なら少しずつ引いていき、やがてそこから消えますよ」というような言いかたになる。これなら口語の日本語として通用するだろう。

僕が仮に試みた翻訳では、「利口な人なら」となっている。英文とおなじように、「あなたが利口な人なら」とすることは可能だ。日本語として通りが悪い、ということはない。しかし僕の翻訳では、英語には動詞ごとにかならず必要とされて使われるyouが、じつに一度も出てこないままだ。英語とおなじく三度ともあなたを出すなら、「あなたが利口な人なら、あなたは少しずつ引いていき、やがてあなたはそこから消えますよ」となる。日本語としては明らかに特殊なものの言いかたになる。「あなた」という二人称が三度繰り返されることのなかに、意図が生まれてくる。普通の日本語ではない日本語にすることによって、少なくともなんらかの雰囲気は出したい、というような意図だ。英語ではIf you're smartと言い始めたのだから、step backにもyouが必要だし、ease outにも、yourselfのかたちでyouが必要だ。

You're better off out of it. というセンテンスを書きつけたカードも見つけた。outの下に線が引いてあった。out of itは、「その外に」というほどの意味だが、outという小さな一語に、「その外へと出ていく」という動きが内蔵されているようで、そこに面白さを感じた僕は、outに下線を引いたのではなかったか。better offは、そのほうがいい状態になれる、というような意味だから、このセンテンスぜんたいとしては、「その外へ出たほうがあなたはより良い状態になれる」となる。文脈によってニュアンスは違ってくるが、意訳の一例を試みるなら、「手を引いたほうが身のためだよ」とでもなるだろう。

60 「思いません」と「思えません」

Believeという一語は、英単語カードによる勉強だと、「信じる」というひと言ですべては終わりだ。「信じる」という日本語は意味の幅が思いのほか狭いし、使い道もじつはかなり限られている。したがってbelieveは、「信じる」のひと言でかたづけられてしまう。

I don't believe I know anyone by that name. というような言いかたはごく平凡なものだが、believeという一語が核心として機能している。「信じる」でかたづけたbelieveを、こんな場合にどうすればいいのか。

「そのような名前の人を私は知りません」という意味だが、ただ単に「知りません」とは英語の文例では言っていない。don'tというかたちではっきりと否定されたbelieveによって、knowというひと言が完全に否定されている。こういう言いかたをすんなりと日本語に翻訳することが出来るだろうか。試しに直訳すると、「その名前の人を自分が知っているとは自分は信じません」となる。これがもっともこなれていない日本語だとすると、よくこなれてなんの軋轢も引き起こさない日本語の言いかたは、どんなものなのだろうか。「そういう名前の人を自分が知ってるとは思えません」。英語の例文にもっとも近い日本語訳はおそらくこれだろう。最後の部分は、「思いません」という言いかたもあるが、「思いません」はアクションであり、「思えません」とは状態のことだから、日本語の好みとしては、「思えません」のほうになるはずだ。ある程度以上の確信的な断定をこめて思うのが、believeという言葉の意味のひとつだろう。

61 それをどうとらえるかなのよ

「でも最終的に重要になってくるのは、現実そのものではなく、それをどうとらえるかなのよ」。この例文は日常の日本語としておかしい部分をなんら持っていない。これを英語で言おう。日本語の例文はよく観察するまでもなく、そのぜんたいは三つに分かれている。中心的な動詞は、「重要になってくる」という部分だ。だから「最終的に重要になってくるのは現実をどうとらえるかであり、現実そのものではない」と言い換えることが出来る。「重要になってくる」という部分と、「現実をどうとらえるか」というふたつの部分に動詞がある。「現実をどうとらえるか」という部分を、たとえば「現実の認識」と名詞にしてしまうと、英語では格段に言いやすくなる。

「でも最終的に」という部分は、But in the end でいい。「重要になってくる」という部分には count という言葉を使うと、じつに英語らしい。「現実の認識」は perception にし、「現実そのもの」は単に reality で充分だ。これを it's と that そして not でつなぐと、But in the end it's perception that counts, not reality. となる。きわめて簡潔な言いかただが、it's がないとどうにもならない。日本語での言いかたのなかに、このような it's は、影もかたちもない。

62 もたらしてくれる

日本語で言っているのとほぼおなじように、英語でも言うことの出来る内容というものは、かならずいくつもあると僕は思う。その思いのもとに数多くのカードのなかを探したら、次のような例文が見つかった。「日常生活と関連するさまざまなストレスからひときの解放をもたらしてくれます」という例文だ。僕がカードに書きとめておいたのは英文なのだが、それをここで仮に日本語に訳してみた。そしてその日本語におかしなところはないはずだ。

日本語の例文には例によって主語が見当たらない。文脈のなかから一部分を抜き出したため、主語はなおさら隠れているのだが、「もたらしてくれます」という部分の「もたらす」が動詞だから、この動詞が受けてくれるものとして、itを主語にしておこう。英語で言うと次のようになる。It provides temporary freedom from the hassles associated with everyday life.

主語のitのすぐ次に、providesというかたちで動詞がくる。すごいねえ、と思わず感心してしまう。言いたいこと、そしてそのための言いかたの、両方にとっての大枠がここで決定されてしまう。ということは、そこからあとはたいそう楽なのだ、ととらえることが出来る。英語の例文を見ればわかるとおり、必要にして充分な言葉が、正しい語順にしたがってつながっていくだけ、となっている。

僕が仮に翻訳した日本語の例文だと、そのような意図はまったくないままに、「もたらしてくれます」という動詞がセンテンスのいちばんあとにある。しかも単にもたらすのではなく、「もたらしてくれます」というかたちで。「もたらします」という言いかたでは収まりが良くないと思った僕は、「もたらしてくれます」としておいた。英語だとここはprovideの一語であり、その意味は「もたらす」でしかない。「もたらす」にさらに、「くれる」が追加される日本語の言いかたは、いったいなにだろうか。「もたらしてくれる」を英語にすることは可能だろうか。

63　世のなかは絶えず動いていて

「世のなかは絶えず動いていて、変化というものは最終的には常に進歩に向かうのです」と仮に翻訳することの出来る英文も、カードのなかに見つけた。これも面白い。僕による仮の日本語を見ていくと、ぜんたいは読点をはさんでふたつに分かれている。前半の主語は、「世のなか」という部分だ。そして後半では、「変化というもの」だろう。「世のなか」は、「動いて」という動詞を取り、「変化というもの」は、「向かう」という動詞を取る。この構造はそのまま英語の例文にもある。次のとおりだ。The world is in constant movement, and in the long run change is always in the direction of progress.

The world isと出たのだから、それと対比させて、後半にはchange isと、おなじかたちが繰り返される。「世のなかは絶えず動いていて」とあるとおり、日本語では「動いていて」が動詞になる。しかし英語だとconstant movementと、あっさり名詞扱いにして、ものの言いかたを簡潔にしている。後半でもおなじことが起きている。「変化は進歩に向かうのです」と日本語では動詞を使って表現されている部分が、change is in the direction of progressと、「進歩の方向」という名詞にすることによって、言いかたをこの上なくすっきりさせている。

「世のなかは絶えまのない動きのなかにあり、変化は最終的には常に進歩の方向にあるのです」。こう言えば日本語でも、「動き」および「方向」とふたとおりの名詞を使うことが出来る。しかしそれは、あえてこう言う、というようなものの言いかたになるのではないか。つまり、ごく一般的な言いかたではないのだ。

64 内面の充足感

見知らぬ人になにかの物品を売りたい人が、説明的な勧誘をしようとするとき、「二、三分お時間をいただければ」というひと言で話を始めるのは、日本語でも英語でも共通している。こういうときには言葉はなにであれ目的の質はおなじだからだろう。Can you give us a couple of minutes to show you... などと、セールス・トークは続いていく。「いただければ」という部分がまったくおなじ言いかたであるのを見るのは、ややおおげさに言って、感激的ですらある。

「内面の充足感が輝きとなっておもてへとあらわれてきます」というようなことも、日本語で言ってまったくおかしくないし、英語でも言う。日本語の世界の人も、英語の世界の人も、このように言いあらわすことの出来る状況を、共通して持っているからだ。

「内面の充足感」という日本語は難しい。抽象的だからではなく、ただ単に小難しく言っているからだ。「あらわれてきます」という部分が動詞だから、あらわれてくるのは輝きであり、それをおもてへとあらわしていくのは、「内面の充足感」だ。英語では「おもての輝き」という部分と、「内面の充足感」という部分とが、「あらわれてくる」という動詞によってつながれる。the outward glow that comes from feeling good inside

「内面の充足感」を英語では、feeling good inside と、拍子抜けするほどのあっけらかんとした言いかたで言っている。しかし具体的にはそのとおりの内容なのだから、これで充分なのだということになる。「輝きとなっておもてへ」という部分に日本語だと動詞があるが、英語はこんなところでいちいち動詞は使わない。outward glow つまり「外面における輝き」という名詞にしてしまう。それが feeling good inside から come するわけだ。come という普遍性の高い動詞の、使い勝手の自在さの一例がここにある。

65 思っていたほどひどくはない

「(あなたが) 思っていたほどひどくはないじゃないですか」。話者が相手の立場でこう言っている。こんなとき日本語では、「あなたが」というひと言は省略される。だから例文では、「あなたが」というひと言は括弧に入れてある。こんなことを言う場面は、日本語にも英語にも共通して存在する。日本語の例文だと現在のこととして語られているけれど、英語では時制は過去に統一しなくてはいけない。日本語でも英語でもまったくおなじ内容のことを言おうとしているのに、英語の場合は時制の論理が見るからに理屈合わせだ。It wasn't as bad as you were afraid it would be.「あなたがそうなると恐れていたほどのひどさにはならなかった」という言いかただ。

66 わかった、わかった、そうしよう

英語ではAll right, you win. そしてそれを仮に日本語にすると、「わかった、わかった、そうしよう」となるひと言は、僕にとってごく幼い頃の英語体験のひとつだ。僕がなにごとかを懸命に主張したら、相手は両手を上げて降参し、このように言った。「そうしよう」という日本語はじつに興味深い。英語体験であったとは、その裏から見れば、まさに日本語体験でもあったことになる。しかし幼い頃にはそんなことは思いもしなかった。

「そうしよう」という日本語のひと言は、「そう」という部分と「しよう」という部分のふたつに分けることが出来る。「そう」の部分は相手に譲った部分であり、「しよう」という部分は自分のほうの意志の表明であり、「そう」と「しよう」とがひとつに合体して、相互的な平和の関係が成り立っている。英語だとYou win. になる。この言いかたは、日

常の英語としてものすごく平凡な言いかただが、よく観察するまでもなく、話者とその相手は win と lose の対立関係に置かれたままだ。

「わかった」という日本語に、all right という英語が、一見したところおなじ内容で対応しているように見えるけれど、「わかった」という日本語では、問題となっている事柄のすべてを話者が自分ひとりで背負い込むかのように引き受けている印象を、僕は持つ。その様子とは対照的に、all right という言いかたは、問題となっている事柄すべてを、話者は自分と相手とのあいだにある空間に出してしまい、それを見ながら all right と言っている。その意味するところは、問題の存在はそのままに、したがって対立の関係もそのままに、いまは自分の決定によって you が win である、ということだ。

67 一目置かれることにもなります

どこで目にしたものなのか、いまとなっては見当もつかないが、かつて確かにどこかで見た英語の文例に、次のようなものがある。カードに書いてあるその英語文例の下に、僕による仮の日本語訳も書きとめてある。その両方を観察してみよう。Good writing commands attention and respect.「良く書けた文章は真剣に相手にしてもらえますし、必然的に一目置かれることにもなります」という日本語の訳文は、なにも考えず反射的に、日本語で言い換えたものだ。だからそこには、はからずも、日本語によるものの言いかたの特徴が、すんなりとあらわれている。何年も前に自分が記入した一枚のカードを指先に持って、僕は感銘に近いものをいま受けとめている。

日本語によるものの言いかたの特徴とは、「相手にしてもらえます」という部分と、「一目置かれることにもなります」のふたつの部分だ。どちらにも動詞がある。このような場合にいちいち動詞を使って表現するのは、きわめて日本語らしい特徴だと僕は思う。重要なところでは動詞は身を隠し、どうでもいいところではこのとおり姿をあらわす。しかし日本語としては、ここで検討しているふたつの部分は、けっしてどうでもいいものではない。そしてどちらも受動態だ。「良く書けた文章は真剣に相手にしてもらえますし、必然的に一目置かれることにもなります」という文章の構造と展開には、日本語としてなにひとつ無理はない。僕が試みた反射的な日本語訳はこのとおりになっている。このような受動態による表現は、相手側の意志をこちらの主観によって先まわりして、かなりのところまで確かなものとして予測する、といった効果があるようだ。

英語だと、見てのとおり、good writing が主語になり、その主語が果たす機能の結果として、attention と respect を command する、という言いかたになる。good writing は直接に attention と respect を command するのであり、主観が先まわりして相手の意志を予測する、というような隙間はどこにもない。

68 幸せとはなになのか

「夢を見るのはもうやめにして、自分にとって幸せとはなになのか、はっきりさせないと」という日本語を僕が仮にあてがった英文は、次のとおりだ。It's time to let go of illusions and redefine your definition of happiness. 日本語の世界でしばしば言われているのとまったくおなじ内容のことが、英語の世界でも実際にこんなふうに表現される。「夢を見るのはやめにして」という部分は僕の翻訳が過ぎるかもしれない。「幻想を捨てて」というような言いかたでも、日常の日本語として違和感はどこにもないはずだから、そのように訂正することにしよう。

「幻想を捨てて」という部分に動詞があるのは、そのままでいい。そのあとに続く二箇所に問題がある。「自分にとって幸せとはなになのか」という部分と、「はっきりさせないと」という部分だ。「自分にとって幸せとはなになのか」という部分には動詞を使うべきではない。その理由は、「幻想を捨てて」という部分に使う動詞は、「はっきりさせないと」という部分に使う動詞と、対のようになって機能すべきものだからだ。「自分にとって幸せとはなになのか」という日本語による言いかたが、英語では definition of happiness と、じつに的確で要領のいい名詞になっている。直訳すれば、「幸せを定義すること」という意味だ。ここでこのように使った definition という言葉に掛けて、「はっきりさせる」という意味そのままに、redefine「定義しなおす」という動詞が用いられ、「はっきりした様子はさらに増幅されている。「はっきりさせないと」という部分のおしまいにある「ないと」という言いかたは、英文の冒頭にある、It's time toという言い出しかたを、日本語にしてみようという僕なりの試みだ。

69 責任ある行動を

雑誌や新聞その他さまざまな紙類を生ゴミといっしょに捨てたりするな、と一般市民に訴えかける言葉として、Act responsibly. というひと言を見つけた。これでも標語と呼ぶのだろうか。鋭さがあるわけでも言葉の使いかたが面白いわけでもないが、わかりやすくはある。例によって僕が反射的に日本語に訳すと、「責任ある行動を」となる。「責任ある」とは状態のことだから、名詞だ。「行動」も名詞だ。いちばん最後にある「を」のひと文字は、この短い文章が助言や提案であることを意味している。英語の標語だと、actという、こう言われたらもはやどうしようもないほどの動詞が、冒頭にある。そしてその動詞を受けるのが、「責任を取る人として」という意味のひと言で、これが動詞の内容を完全に規定している。

これもたくさんのカードのなかに見つけたIt doesn't have to be that way. という言いかたは、日本語の場合と似ている。おなじ内容のことを、日本語の世界でも英語の世界でも、多くの人たちが言うからだ。日本語に置き換えると、状況や文脈によって、おたがいに少しずつの違いではあるけれど、いろんな言いかたがある。「そうじゃなくたっていいわけだから」「そうではなくてもいいんだから」「そうときまったことじゃないんだから」とも言えるだろう。「そうじゃなきゃいけないの?」もあり得る。「そう」がthat wayに相当する。あとは見てのとおりだ。

70 というのが大きいですね

確かCNNのアメリカ国内ニュースの番組だったと記憶しているが、なにかのスポーツの選手が好ましい結果を出して時の人になったとき、TVのインタヴューに答えて喋っていた言葉の一部分が、僕の興味をとらえた。A lot of it is I didn't want to lose my place to stay. というひと言だった。

日本語にすると、「宿なしになりたくなかったからというのが大きいですね」とでもなるか。「というのが大きいですね」という日本語での言いかたをしばしば聞く、あるいは目にする。「という部分が大きいですね」という言いかたもある。それが自分に対して大きな力となって作用した、というような意味をこんなふうに言う。英語でもそっくりな言いかたがされているのを知るのは、ちょっとした驚きだった。住む場所を失いたくない、という気持ちが自分に対して大きく作用した結果として、自分は力を発揮することとなった、という意味をこんなふうに言うとは。a lot of it というフレーズが、キャッチ・フレーズのようなものとして独立出来るような気もする。

71　解決出来ないことではない

I'm sure it's nothing we can't work out. というような言いかたはきわめて平凡な言いかただが、日本語でおなじことを言う場合、よく似た言いかたとなるのは面白い、と僕は思う。「けっして解決出来ないことじゃないと思いますから」というような意味だ。「解決出来ないこと」という部分の「ない」という否定と、「じゃない」という部分にもある否定が、相互に作用し合って肯定となっている。英語でもおなじだ。nothingという否定語がcan'tと重なって、「解決出来ること」という肯定になる。よく似てはいるけれど、英語のほうにはごく当然のごとく存在しているnothingというひと言に相当する言葉が、日本語のほうにはない。nothingというひと言はきわめて英語らしいひと言だ。

72　いずれはつけがまわってくる

You pay the price eventually. という短い文章を書いたカードをいま僕は見ている。これに対する日本語が、おなじく僕の字で次のようにある。「いずれはつけがまわってくる」。the price と「つけ」とが均衡している。price は基本的には金銭であり、「つけ」も本来の意味では金銭だ。「つけ」だからそれは「まわってくる」、そして price は pay をする。

この文脈での支払うという行為は、その人による直接の行為だが、「まわってくるつけ」というものは、いつもどおりそこにいる自分のところへ、文字どおりまわってくるだけなのだから、「つけ」に対してその人は直接の行為には出ていない。この短い英文をカードに書いたとき、僕はおそらくそんなことを考えて楽しんでいたのではなかったか。

73 違いや差があるとは思えません

I don't notice a difference. という文章を書いたカードもある。「違いや差があるとは思えません」というような意味だ。notice の使いかたがやや面白い。see がもっとも一般的だとすると、notice や find を使うと、see の場合よりは注意して細かく見ている、という語感になる。日本語にするなら、「違いは感じません」とでもなるだろうか。反対側からの言いかたとして、「おなじに思えます」という言いかたも成立する。ふたつのものを見くらべて、両者の間に違いや差があるとは思えない、ということを言わなくてはいけない状況は、日本語でも英語でも、等しく存在する。そしてその言いかたは、こんなふうによく似たものとなる。

74 最近どこかおいしい店あった？

Have you eaten anywhere good lately? とかつてカードに書いた僕は、この短文のどこを面白いと思ったのだろうか。eat という動詞が直接にあらわれている様子だろうか、それとも good という普遍的な一語の使いかただろうか。日本語にすると、「最近どこかおいしい店を見つけた？」という、日常生活のなかによくある質問となる。

anywhere という一語が、「どこか」に相当する。「どこか」という日本語はごく普通のどこにでもある言葉だが、その不定型で多少とも柔らかさを帯びた据わりの良さにくらべると、anywhere という言葉は、どんな文脈でどう使われようとも、自らの証明である高い硬度はまったく変化しない、という雰囲気をまといつけている。「どこか」はどこまでも具体的だが、anywhere はほとんど抽象語だ。

eat good は愉快な言いかただ。good とは「よろしい」というひと言であり、おいしいものを本来のおいしさのままに食したときの満足感が、しばしば「よろしい」というひと言になる。そしてそのように食べることを、eat goodと表現することもある。anywhereはここでは場所だから、Have you eaten anywhere good lately?は、「最近どこかおいしい店あった?」という意味になる。まったくおなじ内容のことを、日本語でも英語でも、日常的に表現する。そのことの一例だ。anywhereという英語と、「どこか」という日本語。おなじ日常でもそこだけは存分に異なる。

75　気を持たせる

「あの人に気を持たせたなんてことないのよ」と、カードの下のほうに日本語が走り書きしてある。僕の字だ。そしてカードのいちばん上の行には、I've never encouraged him.という英語の短いセンテンスが書きつけてある。「気を持たせる」という日本語と、encourageという英語。カードに書いたときの僕は、このふたつを面白いと思ったに違いない。

encourageに相当する日本語が、少なくともここでは「気を持たせる」であるとは驚きだ。encourageという言葉はごく平凡な言葉だ。意味も使いかたも、文脈によっていろいろあり得ると思うが、基本的には身も蓋もない言葉だ。その言葉を使ったI've never encouraged him.という言いかたが、仮に日本語に置き換えると、「あの人に気を持たせたなんてことないのよ」になるとは。無理してこのような日本語にしたのではなく、そのまったく反対に、なんの無理もせずに日本語に置き換えて、こうなった。

「気を持たせる」という言いかたがまといつけているはずの、情感の具体性のようなものは、僕にもわからないわけではないけれど、そんな言いかたはせずに、わからない、という位置を選択するなら、まったくわからない、と言ってもいい。わからないからしたがって、そのような情感とは無縁であっても構わない、と思う。

76 お笑いでしかない

It's just a laugh to me. という短い英文を走り書きしたカードがあった。例によって、僕による仮の日本語訳が添えてある。「私にとってはお笑いでしかないですよ」という訳文だ。そして英文のjustという一語の下に線が引いてあり、仮の日本語訳では、「でしかないですよ」という部分に下線がほどこしてある。英文のなかのjustが、自分で仮に翻訳した日本語では「でしかないですよ」という言いかたに相当することに、これを書いたときの僕は興味を持ったのだろう。

日本語では「お笑い」となっている部分が、英語でもa laughであるのは面白い。まったくおなじではないか。僕がかつて下線を引いたとおり、「でしかないですよ」という部分を英語ではjustの一語で言ってしまうのを別にすると、残るのは英語のIt'sという言い始めかただ。「それは私にとってはお笑いでしかないですよ」と翻訳しておくなら、「それは」という部分が英語のIt'sに該当することになるのだろうか。

77 秋から春先まで

「過去と折り合いをつける」と日本語で書いたカードもある。英語では come to terms with the past となっている。come to terms with という言いかたはきわめて平凡なもので、直訳すると「過去と条件を合わせる」というような意味だ。過去と折り合いをつけなければいけない状況は、日本語でも英語でも、人々の身の上に等しくやってくる。

「秋から春先まで」と日本語で書いたカードでは、「春先」の「先」という一語の下に下線がある。対応する英文は、from fall through early spring となっている。単に spring ではなく early spring なのだから、日本語でも「春」ではなく「春先」となる。early はここでは「先」と呼応している。「春先」という季節は英語にも日本語にもあるようだ。

78　彼は前から二列目の右端

Clockwise from top left は、「左上から時計回りに」という意味の言いかただ。clockwise が「時計回りに」で、「から」が from だ。こういう from は日本で英語を勉強した人たちにはわかりやすいはずだ。「左上」は、レフト・トップにはならず、top left だ。いちばん大事な要素から順に言葉にしていく、というルールがあるのだろう。

何人かの人たちが何列かにならんでいる記念写真を見ながら、「彼は前から二列目の右端」ということを言いたいとき、日本語から逐語訳を試みると、日本語の論理がなんとなくわかる。日本語ではまず列を数える。「前」とはいちばん手前のことだから、front でいい。「いちばん前の列」という意味のフロントだから、the front で、これが先前列となる。「前から二列目」はいちばん前の列から一列をへたところにあるから、ひと列を one row と言うと、the front から one row だから、そのまま one row from the front と言えば、「前から二列目」となる。「右端」は far right というきまった言いかたがある。その

far rightという地点ないしは位置の上に彼はいる、と考えると、写真のなかで彼がいるのは、on the far rightとなる。どの順番で言うかは、そのときその場でのその人の判断による。まずとにかくその人の位置を特定したければ、He is on the far rightと言ったあと、コンマを経由して、second rowと、列を特定する。列を特定するにあたっては言いかたの違いが生まれる。単にsecond rowなのではなく、「いちばん手前の列の次の列」というとらえかたをそのまま言葉にしたければ、one row from the frontとなる。「二列目の左から三人目」は、second row, third from leftだ。そして、「最後列右端」はlast row, far rightとなる。

79 写真で見ただけです

I only know him from photographs. という英文が僕のプリント書体でカードに書いてあり、fromというひと言の下におなじボールペンで下線が引いてあり、さらにその下に、

「から」と、平仮名がふたつ添えてある。そのカードを指先に持って僕はつくづくと見る。このカードにこれを記入したときの、かつての自分がふと抱いた興味がどのあたりにあったか、時間をかけて推測を楽しむ。

英文の意味は「私は彼を写真で見て知ってるだけです」だ。「写真から知ってるだけです」という言いかたでも充分に通じるし、そんな言いかたをする人もいることだろう。日本の教育システムのなかでは、英語の単語のひとつである from に初めて人が接するのは、中学校の英語の教科書でだ。接したその瞬間、from はいまでも「から」となるのではないか。例文の英語をもっともこなれた日本語に直すと「写真で知ってるだけです」となるだろう。from はここでは「で」なのだ。from と書いた単語カードに記入する日本語の意味は、「から、で」としておくといい。

from now on という平凡な言いかたはたいそう面白い。「ここから先は」という意味だ。「ここ」とは地点ではなく「いま」という種類の時間のことだ。from は「から」、そして now は「いま」、さらにもうひとつ on は「先」だとするなら、この三つの日本語を日本語としての語順にならべかえると、「いまから先」となる。直訳ないしは逐語訳とは、基本的にはこういうことなのではないか。

例文の英語のなかにある from のもっとも端的な日本語訳は「で」だったし、「から」でも間に合うということだった。もっと文字数を使って難しく言ってみるなら、それらもまた、from という一語が内包する意味なのだ。たとえば、「私は彼を写真で見たことをとおして知っているだけです」と訳すと、「(見た) ことをとおして」が from に該当する。ある一点からこちらへと向かってくる単純な意味の「から」ではなく、この例文の文脈では、なんらかの体験、つまり写真を見た、という体験をくぐり抜けたことによって成立する、「から」なのだ。

80 やりすぎてはいけない

You don't want to overdo. と英文を書いたカードには、「やりすぎてはいけない」と、日本語が添えてある。英文を書いたそのあとすぐに、こんな日本語へと僕は仮に翻訳をほどこし、それも書きとめておいた。don'tの下に、そしてoverdoの下にも、線が引いてある。doという普遍的な動詞の使われかたの一例として、かつての僕はこれに興味を持ったのだろうか。直訳するなら「あなたはやりすぎたくない」となるが、ニュアンスとしては「やりすぎたくないよね」であり、切り詰めて端的に言うと、「やりすぎてはいけない」となる。このようなyou don't want toという言いかたは、日常のなかで多用される。

81 ご不便をおかけします

Please accept our sincere apology for any inconvenience this may cause. と書いたカードは興味深い。「ご不便をおかけしますことを心よりお詫び申し上げます」と、日本語訳が添えてある。日本語の訳文はおなじ意味のことを伝えるものとして、過不足はまったくなく、どこに出しても通用するはずだ。

この日本語のなかに登場する動詞は、「かける」と「詫びる」のふたつだ。「かける」のは「ご不便」であり、「詫びる」のは「心より」だ。英文でも言いたいことの内容はまったくおなじだが、言いかたの順番はまるで異なる。「心からのお詫びを受け取ってください」と、英語では冒頭でまず言っている。なにに関しての「お詫び」なのかは、for以下で明らかとなる。それはなにかというと、「このことが生み出したかもしれないどのご不便に対しても」ということなのだ。まず冒頭に動詞がひとつあらわれ、その動詞が引き受ける内容が明らかにされ、なぜそうしなければならないのかについて説明する後半では、そうしなければならない内容をもうひとつの動詞が受けとめて、文章は完結する。

82 完璧な幸福とは

まず最初に日本語の文章を書いたカードが、たまにある。その日本語の文章と呼応する英文が、下のほうに添えてある。日本語の文章に興味を持った僕は、それを書きとめるついでに、言いかたとしてちょうど呼応するような英文を、自分で作って添えておいたのだろうか。そのようなカードの一例として、次のようなものを僕はいま見ている。

「あなたにとって完璧な幸福とはなにですか」という日本語のセンテンスが僕の字で書いてあり、その数行下に、What is your idea of perfect happiness? と、英語のワン・センテンスが書き添えてある。なにがどうということもない、きわめて平凡な日本語を見たり聞いたりしたとたん、それに呼応する英語が、かつての僕の頭に浮かんだのだろうか。

「完璧な幸福」は、この日本語が英語からの直訳ででもあるかのように、英語ではperfect happinessとなっている。日本語による言いかただと、この「完璧な幸福」が文章のまんなかに位置し、その前後に、「あなたにとって」と「とはなにですか」がある。「あなたにとって」は、英語だと、your idea ofがそれに相当する。そして「とはなにですか」にはWhat isが該当する。英語の例文だと、冒頭からおしまいまでつながっている七語をその語順のとおりにたどっていくだけで、話者が伝えようとしている意味は刻々と相手に伝わっていく。

ところが日本語では、たとえば「あなたにとって完璧な幸福」まで言葉をたどっても、話者がなにを言いたいのか、つかみきれない。見当をつけることは出来る場合があるにしても、最後まで言葉をたどらないと、なにを言いたいのかわからない。英語だとWhatという質問文の冒頭の一語が、isを介してyour ideaを導き出し、それをofが受けて、your ideaがなににについてのideaであるのかを明らかにしている。Whatの一語に内蔵されていて、それがいついかなる場合でも語順のなかにおいて発揮されることになっている、アクションとしての前進力、というようなところに、いまの僕の興味は到達する。

83 ジャムという永遠

ごく最近、Vogueのアメリカ版で読むともなく読んだ記事のなかに、次のようなセンテンスがあった。かなり面白いのでそれを僕はカードに書きとっておいた。次のようなワン・センテンスだ。Jams are where fruits go to achieve immortality.

日本語に訳すなら、一例として「果実はジャムとなって永遠に到達する」となるだろう。その記事の書き手の関心の中心はジャムにあった。したがって、Jams are という言い出しかたとなった。その次にある where fruits go という言いかたは、アメリカの英語として、きわめて英語らしいものだ。ここまでの直訳的な意味は、「ジャムは果実のいくところ」となる。果実がジャムへいって、どうなるのか。それが to 以下で語られている。食べてしまえば不滅も永遠もないのだが、良く出来たジャムのひと瓶を手に持ち、金属製の蓋を開けてなかのジャムを見る瞬間には、果実がジャムになることによって獲得した、ややおおげさになら永遠と言っていい感触が、確かに存在している。

英語で知ろうとした日本

小学校の六年間は「国語」という教科ひとつだった。これは確かだ。中学になると「国語Ｉ」と「国語Ⅱ」とのふたつに分かれたような気がする。高等学校では国語という教科はなく、そのかわりに、「現代文」「古文」そして「漢文」とになった、と思う。現代文はさらにＩとⅡとに分かれていた、という記憶もある。古文と漢文とは、どちらかを選択すればよかった、というシステムだった、と遠いかすかな記憶がいまの僕に語りかける。高校一年生のときには、なにもわからないまま、漢文ではなく古文を選択した。高校一年が終わる頃には、古文より漢文のほうがいい、という級友たちの話を総合し、その総合に自分は全面的に賛成だったから、二年生では漢文を選択した。古文より漢文のほうがいいとは、古文はまったくなんのことだかわからないけれど、漢文はそこまでひどくはない、というような意味だ。そしてこの古文の教科書のなかで、『源氏物語』に出会った。僕の記憶が正しければ、それは十五歳のときだった、ということになる。記憶は正確ではなくとも、その誤差は二年ないはずだ。

もちろん中学生のときに『源氏物語』という固有名詞とは遭遇した。遭遇したとは言ってもその内容とは関係なく、『源氏物語』を平安中期や紫式部などと線を引いて結びつける、という程度のことですんでいた。古文の授業で出会った『源氏物語』にはかなりの衝撃を受けた。積極的に読みたくはないけれど、読めばなんとなく理解出来るのではないか、と安易に考えていたその安易さが、『源氏物語』という実際に存在する物語のひと言またひと言によって、ことごとく粉砕されたからだ。

この長編物語の書き出しのフレーズをいま仮に平仮名だけで書くとして、「いずれのおんときにか」というわずか十文字が、まったく理解出来ない事実を目のあたりにするのは、衝撃以外のなにものでもなかった。ここで『源氏物語』に、そして古文の教科書に掲載されているもののすべてに、僕は挫折した。いったん選択すればそれは必修科目だったたから、節目ごとの試験には一定の基準を超える点数を取得しておかないと、進級が難しくなるはずだった。なんとか進級し卒業までしたのは、試験のときに解答を融通し合う関係が、机の周辺の学友たちと結ばれていたからにほかならない。そして『源氏物語』とはそれっきりとなった。

後年、ずっとあとになって、ふと閃《ひらめ》いたのは、日本の古典文学を英語の翻訳で読むなら、少なくとも表面上における理解は、ほとんどなんの支障もないままに、かなりのところまでいっきに到達するのではないか、ということだった。たとえば『源氏物語』には何とおりかの英訳があることを、このときはすでに知っていた。それからさらに何年かあと、古書店で『源氏物語』の英訳を見つけた。あの物語ぜんたいの英訳ではなく、ぜんたいが英訳されたものの抜粋だったような記憶がある。その英訳本はとっくに手もとにないが、さあ読むぞとばかりに読み始めたとき、書き出しのあのフレーズを英語で受けとめ、僕はふたたび大きな衝撃を受けることとなった。教科書にごく部分的に掲載されていた原文を見たときの衝撃よりも、このときの衝撃のほうがはるかに大きく、そして強かった。「いずれのおんときにか」という平安中期の日本語によるフレーズは、In the reign of a certain emperor となっていた。まるでわからなかったものが、隅々まであますところなく、すっきりと明快に、いっさいなんの誤解もなしに、この英訳によってわかってしまった。ごくつまらなく直訳して「ある天皇の統治下で」という意味であり、それ以外ではなく、それっきりのそれだけなのだ。あまりと言うならあまりのわかりやすさに、大きくて強い衝撃を受けた、と言えばいいか。

そしてそのような衝撃のゆえに、『源氏物語』とはふたたびそれきりとなった。英訳本をそこから先へと読んでいくことをしない、という選択を僕はおこなった。わかりすぎるほどにたちまちわかったのは、それまで続いていた知らなさすぎを根源的な原因としている。英訳で読めばわかりすぎるほどにわかる、ということは一般的にはいいとして、僕個人にとってはどうなのかと考えてみると、こうまではっきりとわかる必要はいまの自分にはない、という回答があるだけだった。

「いずれのおんときにか」という原文のいちばん最後の部分である「にか」が、英訳にはないと僕は思う。「どの天皇の世でしたかねえ」と読者に少しだけ寄りかかるような言いかただと僕は判断しているが、英訳では「ある天皇の世で」と、輪郭の明瞭に引かれた言いかたとなっていて、故意にぼかしたところはまったくない。

『源氏物語』の書き出しをめぐる、過去に向けてさかのぼるなら高校生だった頃にまで到達する、おおまかに書いて以上のようないきさつは、僕の心のなかにかなり深い影を残したに違いない。僕はその心に『源氏物語』の影を持つ人だ、となかば冗談で言っているが、残りの半分は本気だ。おそらくこの本気がどこかで僕をなんらかのかたちで刺激したのだろう、もう何年も前のある日、英語で読んでいまようやく知る日本、という仕事の可能性に思いいたることとなった。仕事の可能性とは、そのような主題で一冊の本を書く、という意味だ。

日本語ではなかなか読めないし、読んだとしてもなにひとつ理解は出来ない。ところが、わかりすぎるほどにわかる英語の翻訳で読めば、少なくとも外面的な理解は、隅々にまでなんの不足もなしにおよぶのではないか。ここはこういう意味なんだよ、日本語ではまるでわからないけれど、英語ではこんなにわかりやすいんだよと、日本語の原文とその英訳を巧みに引用しながら語っていくなら、それは一冊の読み物として成立するはずだ、と僕は判断した。

当時の僕が親しく仕事をしていたひとりの編集者に相談したところ、その人はたちまち僕よりも乗り気になった。まずは禅だろう、というところでふたりの意見は深く一致した。禅という言葉は誰でも知っている、ときめつけることにして、禅というひと文字が読めない人もいるはずだが、禅と聞けばどんなにあやふやでも、あるいは誤解に満ちていても、たいていの人はなんらかのイメージを持っているはずだ。しかし、禅とはなにですか、と訊かれたなら、なにひとつ答えられない、と断定していい。したがって、まずとにかく禅だ、ということになった。

鈴木大拙による英語の本を探してみたら、新刊で三冊、すぐに手に入った。鈴木大拙は英語の名前をD. T. Suzukiという。そのSuzukiさんによる三冊は、どれも直訳するとして、『ゼン・ブディズムのマニュアル』『禅で生きる』『ゼン・ブディズムへのイントロダクション』という三冊だった。この三冊が新刊として流通している事実に僕たちは驚嘆した。この事実だけを見ても、英語でいまようやく知る日本という企画は立派に成立しているではないか、などと言って僕たちは祝杯を上げた。

禅の次は武士道ですよとその人は熱心に言うから、ある日の午後に書店で探してみたら、新渡戸稲造の著で矢内原忠雄の訳になる『武士道』を岩波文庫で見つけたし、『ザ・ソウル・オヴ・ジャパン』と副題のついた原著、つまり新渡戸稲造が英語で書いたBushidoも、同時に手に入れることが出来た。次はなににしましょうか、とその人は言った。まず三種類集めたらそこで仕事を始めてください、ということだった。

『方丈記』だよ、と僕は言った。根拠はなにもないのだが、言いかただけは確信に満ちていたと思う。いいですねえ、とその人は賛成した。『方丈記』の日本語原文はこれも岩波文庫ですぐに手に入った。とある大きな書店の洋書売り場の、Ancient Japanese Literatureという棚の前に立ったら、『方丈記』の英訳本が目の前にあった。『平家物語』と合わせて一冊の英訳本だ。

この仕事はそのあとすぐに挫折した。僕は常に忙しすぎたし、熱心なその編集者は入院や離婚などでそれどころではなく、企画は立ち消えというかたちで自然消滅となった。しかし僕の気持ちのなかでは、英語でいまようやく知る日本、という企画はいまでも続いている。

『方丈記』は一二一二年に鴨長明が五十八歳のときに書いたエッセイのような作品だ。八百年前の日本語による著作が、現在の日本の東京郊外の、私鉄駅前のショッピング・ビルディングとしか言いようのない建物のなかの書店の棚に、おそらく今日も一冊、僕が買ったときとおなじようにあるとは、驚きではないか。ちなみに、鴨長明の「長明」とは、a friend of the moon and the windだということだ。『方丈記』の「記」というひと文字は、日記や戦記などの記とおなじものだと思っていいだろう。では、「方丈」とは、なにか。長さのことではなかったか、というあやふやな記憶がある。英訳だとten foot squareとなっている。一辺がten feetの四角だということは、これだとわかるけれど、ではその四角はなになのかというと、a four and a half mat-sized Tea roomであり、これは「四畳半の茶室」という意味だろう。

英訳『方丈記』の冒頭から四パラグラフ目に、僕がカードに書きとめそうなひと言がある。引用しておこう、次のとおりだ。since I began to understand the meaning of thingsという英文を日本語の原典に探すと、「予ものの心を知れりしより」となっている。予は「われ」と読む。「ものの心がわかるようになってからというもの」といった意味だ。これなら日常の会話のなかで使って、相手にはなんの違和感も抱かせないだろう。壇上からの講演のような状況では、「私がものの心というものを知りましてこのかた」というような言いかたでも大丈夫だ。日本語の原文のなかにある「もの」という言葉が、英訳ではthingsとなっているのを見るのは、発見と言っていい。おなじく、日本語では「心」という言葉が使ってあるところに、英訳だとmeaningという言葉があててある。「意味」という言葉だ。心とは意味なのだと、八百年前の日本語と現在の英語との重なり合いのなかに、知ることが出来る。

日本語で読んでまるでわからなかったことが、英語で読むと一読たちまち、わかりすぎるほどにわかる、という前提で僕はこの話を進めているが、そうもいかないかもしれない。たとえばたったいま四畳半の英語による説明を僕は引用した。四畳半がなになのか、これだけで理解することとは、とうてい出来ない。四畳半の外面をわからせるだけでも、英語による説明には次のようなことが書かれてなければいけない。

「四畳半には畳が五枚必要だ。標準的な大きさの畳四枚に、残りの一枚はきっかり半分の大きさで、この五枚を法則のとおりに配置すると、一辺がten feetの真四角なスペースが生まれる。それが四畳半と呼ばれているテン・フット・スクエアのスペースだ」

英語で読むにせよ日本の読者はこういったことをすでに承知しているから、英語で読むとわかりすぎるほどにわかる、と思い込むことはたやすく可能になる。日本についてのすでに蓄積されている相当な量の知識や暗黙の了解が、英語による日本についての読書を裏面で助ける。

『方丈記』の書き出しの一行は次のとおりだ。「ゆく河の流れは絶えずして、しかももとの水にあらず」。『源氏物語』の場合とおなじく『方丈記』も、冒頭の数行が教科書に掲載されていた。この一行を英語で言うとどうなるか。僕がかつて買った英訳本から引用しておこう。Ceaselessly the river flows, and yet the water is never the same.

原典の日本語では読点で完結したワン・センテンスだが、英訳ではコンマを経由して、そこからあとの文章へとつながっている。「ゆく河」という部分の「ゆく」が、すぐあとの「絶えずして」と合体してひとつになり、英訳の冒頭にあるCeaselesslyのひと言になっているような気がする。「もとの水」の「もとの」も英語に翻訳するときにはやっかいだっただろう。理屈で厳密に言うなら、その河に水が流れ始めた日に、まず最初にそこを流れた水、というようなことになる。そのような水を「もとの水」と呼ぶなら、それは過去のある瞬間に確かに存在したのだが、それ以後は「もとの水」などどこにもない。だから英訳では、単に the water となっている。

二〇一〇年の秋には僕の呑気さはきわまり、ペンギン・ブックスから刊行されている夏目漱石の『草枕』の英語訳を手に入れた。そして新潮文庫で『草枕』の原典を購入し、英語と日本語のふたとおりを揃えた。日本語から先に読む、という誘惑をしりぞけて、英語訳を僕は読んだ。現在のどこにでもあるような英語とは違うし、そのような英語で語られていく内容は、これまたここにしかないものだと言ってよく、しかもぜんたいは現在形で語られていく。しかし読み進むにつれて、こうしたことすべてに慣れてしまう。慣れるとそこには、読んでいくという快感があるのを僕は知った。言葉をたどっていくことに苦労はまったくないし、とにかくすべては英語なのだから、空気抵抗のようなものを感じることは、いっさいなかった。

英語訳を読んだすぐあとに、僕は文庫本の日本語原典を読んだ。読み始めた僕が自分の内部に感じた強烈な驚きを、どのように表現すればいいものか。日本語で読んでもなにひとつわからないはずだから、それにくらべればずっとわかりやすい英語訳を自分はまず読んだ、という自覚を支えていたのは、英語をとおして理解したはずの『草枕』だった。読み始めた日本語の原典の、いったいなんという日本語ぶりであったことか。

とにかくいったんは英語訳をとおして『草枕』を通過し終えていた僕は、『草枕』をめぐるなにがしかの理解は手にしていたはずだ。日本語の原典を読み始めたとたん、そんなものはこなごなに砕けてふっ飛んだ。英語で読んだ『草枕』の、日本語による原典はこういう世界なのかと、僕は心の底から驚いた。日本語の原典を先に読んだなら、このような驚きとは無縁のままだったはずだ。英語の『草枕』に驚きはほとんどなかったが、夏目漱石が明治三十九年に用いた彼の日本語には、驚嘆すべきものが充満していた。端から端まで、なにからなにまで、日本語で読む『草枕』は驚きの連続だった。

英語で読んだ『草枕』は、英語そのものだった。いたるところに英語があり、英語であるという事実は時間を超えて、僕にもたやすく作用した。その結果として、僕はじつに滑らかに、英語の『草枕』を読んだ。会話は飛び抜けて英語であり、あまりにも英語であるが故に、僕にとってすらそれはいま目の前にある世界となった。すべてはすんなりと理解することが出来た。

僕が読んだ日本語の『草枕』の文庫本のジャケット裏に、『草枕』について簡潔に記述した文章がある。その大部分を僕は引用する。「俗塵を離れた山奥の桃源郷を舞台に、絢爛豊富な語彙と多彩な文章を駆使して絵画的感覚美の世界を描き、自然主義や西欧文学の現実主義への批判を込めて、その対極に位置する東洋趣味を高唱」。『草枕』とはこのとおりの小説だと僕も思う。英語のほうがはるかに僕に近く、日本語は存分に遠かった。近いとはわかりやすいということだが、存分に遠いとは、けっしてわかりにくいという意味ではない。英語に翻訳するとわかりやすいものになることは、確実なようだ。日本語の『草枕』を僕はどうすればいいのか。存分に遠いままにしておくのが、態度としてはもっとも謙虚なのだろう。

僕がカードに書きとめたくなる日本語はいくつもあった。そのうちのひとつは那美という女性の次のようなひと言だ。「女だと思って、人をたんと馬鹿になさい」。この日本語の英語訳は次のようだ。Don't treat me like a fool just because I'm a woman. こういう日本語を使う人はもういないからといって、このような日本語が消えたわけではない。『草枕』のなかには生きている。言葉のいちばん外側の問題だが、日本語では肯定の命令として言っていることが、英語だとDon'tというこれ以上はどうにもならない、単純さのきわまった否定の命令になってしまう。この台詞に託された意味じたいは、いまの日本でも充分に通用する。それを英語で言いたければ、『草枕』の英訳のなかにいま引用した適訳がある。「女だと思って」という言いかたも日本語にはある。これを英語で言いたければ、Just because I'm a woman. と言えばたいへんいい、と僕は思う。

『草枕』の書き出しの一ページほどが、これも高校の教科書に掲載されていたように思う。教科書に印刷されてあったものとして、この文章を目でたどった記憶がある。「智に働けば角が立つ。情に棹させば流される。意地を通せば窮屈だ。兎角に人の世は住みにくい」という、二行目からのこの文章は、ひと頃は日本人の常識のようになっていて、少なくともこの部分だけは暗記していて当然だ、とされていた。いまでもそうだろうか。この部分の英訳は次のとおりだ。

If you work by reason, you grow rough-edged; if you choose to dip your oar into sentiment's stream, it will sweep you away. Demanding your own way only serves to constrain you. However you look at it, the human world is not an easy place to live.

「とかくこの世は住みにくいですからねえ」という台詞は、おそらくその平凡さゆえに、いまでも人の言葉として通用する。It's not an easy place to live. The human world, I mean. とでも言えば、英語でもそれは通用する。

『草枕』の主人公の青年は自分で描く絵の材料を求めて山奥の温泉場への小旅行を試みた。画材はなかなか見つからない。物語の最後の最後で、彼は、「それが出れば画になりますよ」と思わず声にするような、素晴らしいものを見る。物語のなかほどで知り合った那美という女性の目に、あることをきっかけにして、ほんの一瞬だけ宿った表情を彼は目にとめる。それを見た瞬間、「余が胸中の画面はこの咄嗟の際に成就したのである」と彼は書く。そして物語はこのひと言で終わる。

胸中に成就したからには、それが胸の外で、たとえばカンヴァスに、絵筆の絵の具で描かれることとは、あるわけがないのだ、と僕は理解した。この部分に該当する英訳も引用しておこう。

At last, with this moment, the canvas within my own heart has found its full and final form.

あとがき

Million Dollar Quartetという題名のミュージカルがブロードウェイで公演を始めた、ということを伝える短い記事をニューヨークの新聞で読んだのは、すでに何年か前のことだ。あの出来事がついにミュージカルになったか、と僕は感銘を受けた。

直訳して「百万ドル四重奏」とは、あの出来事をおいて他にない。そして、あの出来事とは、一九五六年十二月四日、テネシー州メンフィスのサン・レコーズというレーベルの録音スタジオで、カール・パーキンスとジェリー・リー・ルイス、それにエルヴィス・プレスリー、そしてジョニー・キャッシュの四人が、偶然に近いかたちで一堂に会し、ジャム・セッションをおこなった、という事実だ。このセッションを録音したテープは、ずっとあとになってLPで、そしてCDでも市販された。

火曜日だったというその日に、サン・レコーズのスタジオでカール・パーキンスは『マッチボックス』の録音をおこなっていた。サン・レコーズの社主だったサム・フィリップスは、その録音のためにジェリー・リー・ルイスというピアノ奏者を呼んでいた。録音が終わろうとする頃、エルヴィス・プレスリーが立ち寄った。『マッチボックス』のプレイバックを聴いて、これはいける、と彼は言ったという。

三人はやがてジャム・セッションを始めた。ギターやピアノを弾いて歌い始めたのだ。歌いたがったのはエルヴィスだったことが、音源を聴くとよくわかる。サム・フィリップスはちょうどメンフィスにいたジョニー・キャッシュに電話をかけ、スタジオに呼んだ。キャッシュはすぐにあらわれ、三人のセッションに加わった。ミリオン・ダラー・カルテットの、一回だけの結成だ。

この四人の様子を新聞社に写真に撮らせておくことを、フィリップスは思いついた。写真さえ撮っておけば、あとで適当に記事を作り、新聞に掲載することが出来る。そうなればサン・レコーズのいい宣伝になる、とフィリップスは考えた。彼は地元の新聞社に電話をかけ、そこから記者がひとり、UPIのフォトグラファーをともなって、ほどなくスタジオに到着した。写真は撮影された。その記念すべき写真が、Million Dollar Quartetの終わりに近いところで、きわめて感動的にステージに映写される。その写真のすぐ下では、その四人を演じる俳優たちが、見事に写真を再現してみせる。

じつに良く出来たミュージカルだった。カルテットの四人のキャストは、ブロードウェイでのオリジナル・キャストのふたりを含む素晴らしいティームで、アメリカ各地でロードに出ているときの配役よりもはるかに良く、主役の四人そしてサム・フィリップスは、僕が見たのが最高だったと断言していい。僕がこのミュージカルを見たのは、本書の再校刷りを受け取った日の夜だった。

このミュージカルが、どのような理由でいかに素晴らしかったかについて書き始めると、きりがない。だからそれは後日にあるかもしれない機会にゆずるとして、『シー・ユー・レイター、アリゲイター』について書いておくことにしよう。選曲と編曲がぜんたいにわたって見事としか言いようのない出来ばえで、その選曲のなかにこの歌がある。忘れもしないビル・ヘイリーと彼のコメッツというロカビリー・バンドの歌と演奏で、十六歳ないしは十七歳の頃、僕はこの歌を初めて聴いた。
それからじつに何十年後、Million Dollar Quartetをミュージカルにした舞台を東京で見て、最高のカルテットの歌と演奏で、この歌を聴くことになろうとは。少年だった僕がロカビリー・バンドを作って最初にコピーしたのが、この歌だった。東京の舞台では、アリゲイターがアリガトーと韻を踏んでいた。あのアリゲイターがアリガトーと韻を踏むとは、知らなかった、気がつかなかった、思いもしなかった、したがってうれしい発見となった。

二〇一二年九月

片岡義男

校正　鶴田万里子
DTP　㈱ノムラ

片岡義男　かたおか・よしお
1940年、ハワイ出身の日系二世の父と、
近江八幡出身の母とのあいだに生まれる。
小説、エッセイ、翻訳、写真などの多方面で活躍。
代表作に『スローなブギにしてくれ』『彼のオートバイ、彼女の島』
『ぼくはプレスリーが大好き』『10セントの意識革命』『日本語の外へ』など。
近著に『木曜日を左に曲がる』『この夢の出来ばえ』『言葉を生きる』
『恋愛は小説か』『洋食屋から歩いて5分』がある。

NHK出版新書 391

日本語と英語
その違いを楽しむ

2012(平成24)年10月10日 第1刷発行

著者 片岡義男
発行者 溝口明秀
発行所 NHK出版
〒150-8081東京都渋谷区宇田川町41-1
電話 (03) 3780-3328 (編集) (0570) 000-321(販売)
http://www.nhk-book.co.jp (ホームページ)
http://www.nhk-book-k.jp (携帯電話サイト)
振替 00110-1-49701

ブックデザイン albireo
印刷 啓文堂・近代美術
製本 二葉製本

Printed in Japan ISBN978-4-14-088391-4 C0295

NHK出版新書好評既刊

瓦礫の中から言葉を
わたしの〈死者〉へ

辺見庸

3・11後の美しく勇ましく単純化された表現や自主規制の風潮に抗い、〈死者〉ひとりびとりの沈黙にとどけるべき言葉をうちたてる。作家渾身の書。

363

「なぜ？」から始める現代アート

長谷川祐子

多彩な表現で私たちの既成概念を心地よく揺さぶってくれる現代アート。当代随一のキュレーターが、あなたを魅惑の世界に案内します！

364

「科学的思考」のレッスン
学校で教えてくれないサイエンス

戸田山和久

良い理論って何？科学をきちんと判断し、正しく批判するには？ニュートンから相対性理論、生命科学までの事例から科学の本質を明らかにする。

365

歌謡曲から「昭和」を読む

なかにし礼

「昭和」というあの時代、歌は世につれ、世は歌につれていた。流行歌はいま、どこへ行ったのか。ヒット曲を量産した実作者が語る「歌謡曲」の真髄。

366

総力取材！
エネルギーを選ぶ時代は来るのか

NHKスペシャル「日本新生」取材班

原発からの脱却は可能なのか。その答えを求めてNHKが総力取材を敢行。日本の未来を左右する「電力選択」の可能性に迫る！

367

ニッポン異国紀行
在日外国人のカネ・性愛・死

石井光太

遺体が冷凍で空輸される!?夜逃げ補償つきの結婚仲介とは??在留外国人たちの意外な生態から、もう一つの「日本」を浮き彫りにする迫真のルポ。

368

NHK出版新書好評既刊

NHK出版新書好評既刊